Monika Biermaier &
Ilse Wrbka-Fuchsig

Kompost und Düngung im naturnahen Garten

Inhalt

Vorwort

Kompost – Die Basis des naturnahen Gartens

In der naturnahen Gartenbewirtschaftung spielt der Kompost eine wesentliche Rolle. Anfallende Pflanzenreste und Küchenabfälle sind wichtige Rohmaterialien, aus denen wieder neue Erde und wertvoller Dünger entstehen. Daran arbeiten zahlreiche Bodenorganismen, die im Kompost ihren Lebensraum finden. Mit dem Aufbringen der eigenen Komposterde werden dem Boden die zuvor entzogenen Nährstoffe und Strukturstoffe zurückgegeben, ohne dass Materialien weggebracht und andere wieder herangeschafft werden müssen. Dies hilft nicht nur der Natur im eigenen Garten, sondern ist auch ein Beitrag zum Umweltschutz.

Unabhängig von der Größe eines Gartens wird der fertige Kompost fast überall gebraucht – in Gemüse- und Blumenbeeten, bei Neupflanzungen, zur allgemeinen Bodenverbesserung, sowie zur Herstellung von Aussaat- und Blumenkistenerden. Gerade in kleinen oder möglichst pflegeleichten Gärten hat der Kompost eine große Bedeutung für die Pflanzengesundheit.

Das vorliegende Buch erklärt, worauf es bei der Kompostierung ankommt. Wenn einige wichtige Regeln beachtet werden, erfolgt die praktische Durchführung ohne viel Mühe. Unter den verschiedenen Kompostbehältern und den vielseitigen Anwendungsmöglichkeiten ist für jeden Garten etwas dabei. Dazu gehören auch die Herstellung von Kompostauszügen und Jauchen sowie die richtige Bodenbedeckung durch Mulchen und Gründüngung.

Auch im kleinsten Garten, sogar nur am Balkon, ist die Herstellung von guter Komposterde aus Garten- und Küchenabfällen für jeden leicht machbar!

Monika Biermaier & Ilse Wrbka-Fuchsig
Im August 2006

Lebensraum Kompostplatz

Der Kompostplatz ist ein Biotop, ein Lebensraum, der eine Vielzahl von kleinen und kleinsten Lebewesen beherbergt. Die Organismen finden in einem gemischten Garten- und Küchen-Kompost ausreichend Nahrung vor. Sie benötigen außerdem Wärme, Feuchtigkeit und Luft zum Leben. Wenn sie sich wohl fühlen, vermehren sie sich rasch und leisten viel und gute Arbeit. Sie geben dem Garten lebendige, nährstoffreiche Erde zurück und sorgen für ein gesundes Boden- und Pflanzenleben.

Kreislauf-wirtschaft

Wir freuen uns, wenn im Garten alles üppig gedeiht. Wir hegen und pflegen die Pflanzen, gießen, düngen und schneiden sie, damit sie wachsen, reich blühen und eine gute Ernte bringen. Dabei dürfen wir den anderen Teil nicht vergessen: Zahlreiche kleine Lebewesen arbeiten daran, die Stoffe in der Erde, aus der die Pflanzen ihre Wuchskraft beziehen, bereitzustellen. Zum natürlichen Kreislauf gehören Wachstum einerseits und Ernte, Laubfall, Abbau und neuerliche Nährstoffbereitstellung andererseits. Wer den Kreislauf vor Augen hat, bezieht Kompost und Bodenleben in die Gartenarbeit mit ein.

Das Vorhandene zu schätzen wissen

Mit der eigenen Kompostierung bleiben die anfallenden Pflanzenreste vor Ort. Der Weg vom gejäteten Beet oder von der geschnittenen Hecke zum Kompost liegt innerhalb des Gartens und nicht weiter; als Transportmittel reichen Kübel oder Schubkarre. Der Weg zur Biotonne ist genauso weit – doch hier beginnt erst der Transport mit dem Lastwagen zur Kompostieranlage. Neue Erde und Düngemittel werden meist säckeweise mit dem eigenen Fahrzeug herangeführt. Die zusätzliche Verkehrsbelastung trifft unsere Umwelt, der Kosten- und Zeitaufwand jeden einzelnen direkt. Dem Garten fehlen die entzogenen Nährstoffe und Strukturmaterialen, sowie Laub und Äste zur Bodenbedeckung und als Unterschlupf für Tiere. Wer alles zukauft, muss auch noch darauf achten, dass er z.B. keine Spritzmittel-Rückstände oder andere unerwünschte Zusätze in den Garten einbringt.

TORF, MULCH UND KOMPOST

Torf und torfhaltige Substrate sollen keinesfalls in die Beete oder Blumenkisten gelangen. Torf stammt aus seltenen und schützenswerten Moorlandschaften, die immer seltener werden, und hat weite Transportwege hinter sich. Außerdem ist Torf zwar ein guter Speicher für Wasser und Luft, enthält aber praktisch keine Nährstoffe. Diese werde künstlich beigegeben – kein Vergleich mit vollwertigem Kompost. Auch Rindenmulch ist nicht notwendig, wenn Material aus dem eigenen Garten als Mulch zur Verfügung steht: gehäckselte Zweige, Grasschnitt oder gejätete Pflanzenreste erfüllen diesen Zweck noch besser. Rindenmulch entzieht dem Boden Stickstoff bei seiner Verrottung und kann mit Schadstoffen belastet sein. Das eigene Material ist bekannt, es enthält keine Stoffe, die das Gleichgewicht im Garten stören könnten. Kompost entsteht zu einem großen Teil aus Gartenabfällen. In ihm finden sich die Nährstoffe, die schon einmal von den Pflanzen ausgewählt wurden. Er ist der wertvollste Dünger und das beste Strukturmaterial für den Boden. Durch Gartenarbeit können wir uns des natürlichen Kreislaufs bewusst werden.

WENIGER AUFWAND Das ökologische Gleichgewicht erhalten bedeutet weniger Arbeitsaufwand. Weniger Eingriffe im Garten ziehen weniger Folgearbeiten nach sich – wenn der Gartenboden möglichst wenig umgegraben wird und Grasschnitt gleich zum Mulchen verwendet wird, wenn Wildkräuter in der Wiese wachsen und Laub auch einmal liegen bleiben kann, bleibt mehr Zeit, den Garten zu genießen. Und je artenreicher und ausgeglichener die Natur im Garten ist, desto besser kann sie sich selbst regulieren.

Wiederverwertung in der Natur

Die natürlichen Ab- und Umbauprozesse wirken reinigend und bereiten neues Leben vor. Ohne Zersetzungsvorgänge würden alle abgestorbenen Reste liegen bleiben und der Boden wäre schnell mit Abfall übersät. Ohne Nachlieferung von Nährstoffen und ohne ständige Erneuerung wäre alles schnell verbraucht. Doch in der Natur bleibt kein Stoff übrig, der nicht wieder verwertet wird, alle organischen Stoffe sind in den Nährstoffkreislauf eingebunden.

Im Kompost erfolgt die Umsetzung konzentriert. Er schließt den Kreislauf innerhalb des Gartens und gibt dem Boden die entzogenen Nährstoffe zusammen mit lebendigen Strukturen zurück. Bodenorganismen und Pflanzen arbeiten zusammen, ein reiches Bodenleben sorgt für ein gesundes Pflanzenwachstum.

TIPP **Gärtnern mit der Natur spart einiges an zeitlichem und finanziellem Aufwand. Abfälle in Haus und Garten fallen so oder so an – wenn sie zu guter Komposterde führen, helfen sie dem Garten und der Umwelt.**

In einem naturnahen Garten stellen sich viele Bewohner ein.

Der ökologische Stoffkreislauf

Die grünen Pflanzen können aus Wasser, Kohlendioxid und Mineralsalzen organische Verbindungen aufbauen. Mit Hilfe von Sonnenlicht erzeugen sie aus rein anorganischen Verbindungen energiereiche organische Substanz. Tiere müssen die organischen Verbindungen über die Nahrung zu sich nehmen, um daraus Energie zu gewinnen und körpereigene Stoffe aufzubauen. Sie ernähren sich von den Pflanzen oder räuberisch von anderen Tieren. Die dritte große Gruppe sind die Zersetzer, die von den abgestorbenen Resten und Ausscheidungen anderer Pflanzen und Tiere leben. Sie bauen die organische Substanz wieder ab und setzen Wasser, Kohlendioxid und Mineralsalze frei. Der Nährstoffkreislauf schließt sich.

Reiches Leben

In der freien Natur locken die mehr oder weniger verstreut am Boden liegenden, abgestorbenen organischen Reste die Zersetzer an, die das Material zerkleinern und es einer neuen Verwertung zuführen. Im Garten werden die organischen Abfälle auf einem Platz angehäuft. Auch hier stellen sich die Zersetzer ein, die ein wahres Schlaraffenland vorfinden: ein geballtes Nahrungsangebot, mit einer Erd- oder Laubdecke geschützt und warm und feucht gehalten. In diesem besonderen Lebensraum vermehren sie sich rasch und setzen in kurzer Zeit große Mengen um. Was für den einen Abfall, ist für den anderen Nahrung – so setzt sich die Nahrungskette fort. Der Kompost beherbergt während seiner Umwandlungprozesse eine Reihe unterschiedlicher Lebensgemeinschaften. Viele Organismen sind auf die Verwertung einer bestimmten Stoffgruppe spezialisiert. Sind diese verbraucht, werden die Organismen durch andere abgelöst, die von den entstandenen Produkten beziehungsweise von den Vorgängern leben.

DAS LEBEN IM KOMPOST Im Anfangsstadium sind die kleinsten Lebewesen am Werk, die für unser Auge nicht sichtbar sind. Bakterien und Pilze zerlegen die Rohmaterialien unter starker Wärmeentwicklung. Wenn die Temperaturen wieder absinken, treten Strahlenpilze hervor, die schwer verrottbare Stoffe wie Zellulose und Lignin angreifen. Tierische Einzeller und kleine Tiere wie Milben, Fadenwürmer und Springschwänze ernähren sich von den Bakterien und Pilzen und von abgestorbenen Resten. Auch sie sind mit freiem Auge nicht oder schwer erkennbar, die größten unter ihnen werden zirka 2 mm groß. Sie fallen Raubmilben, aber auch größeren Räubern wie Spinnen, Hundertfüßern und Käfern zum Opfer, die bereits leicht beobachtet werden können. Asseln, Tausendfüßer und Kompostwürmer ernähren sich von pflanzlichen Resten, die sie durch Beißen, Schaben und Kauen zerlegen, und fördern die Zersetzung durch Mikroorganismen. Zuletzt wandern die Regenwürmer ein und lockern und durchmischen den Kompost weiter.

Bakterien

Bakterien sind im Boden, im Wasser und in der Luft allgegenwärtig. Die Einzeller sind 0,5 bis 5 µm groß und von einer Schleimhülle umgeben. Sie bewohnen die Erde in unermesslich großen Zahlen, in 1 Gramm Boden sind bis zu 100 Millionen Bakterien enthalten. Bakterien vermehren sich im Durchschnitt alle fünfzehn bis vierzig Minuten durch Teilung; ungünstige Bedingungen wie Trockenheit oder Nässe überdauern sie oft jahrelang. Sie besitzen eine enorme Vielfalt und sind für sehr unterschiedliche und umfangreiche Stoffumsetzungen verantwortlich. Oft sind sie hoch spezialisiert und führen einen bestimmten Umwandlungsschritt aus.

Für die meisten Bakterien ist ein pH-neutrale Umgebung (6 bis 8) optimal, im alkalischen Bereich sind sie stärker vertreten als Pilze. Aerobe Bakterien benötigen Sauerstoff zum Leben, im Kompost führen sie zur gewünschten Verrottung der organischen Substanzen. Fakultativ anaerobe Bakterien kommen mit und ohne Sauerstoff zurecht und passen sich der vorherrschenden Situation an. Für obligat anaerobe Bakterien ist Sauerstoff giftig und tötet sie ab. Sie beziehen ihre Energie aus Fäulnisprozessen und breiten sich in jenen Bereichen im Kompost aus, die unter Luftabschluss stehen. In sauerstoffarmer Umgebung sind sie nahezu allein vertreten.

Strahlenpilze

Strahlenpilze stellen eine Übergangsform zwischen Bakterien und Pilzen dar. Sie sind Einzeller, die durch schleimartige Zellwandbestandteile zusammengehalten werden und pilzartige Geflechte ausbilden. Actinomyceten sind wärmeliebend und zerlegen schwer zersetzbare Stoffe wie Zellulose, Lignin und Chitin. Ihre Abbauprodukte sind wichtige Bausteine für die Bildung stabiler Bodenstrukturen. Actinomyceten und Pilze kommen mit weniger Wasser aus als die aeroben Bakterien. Sie verursachen den typischen frischen Erdgeruch und bilden Antibiotika aus.

Pilze

Pilze sind mehrzellige Organismen, die Geflechte und sporentragende Organe ausbilden. Mit ihren fadenförmigen Ausbildungen dringen sie immer weiter in den Substraten vor und schließen neue Nährstoffe auf. Sie zersetzen schwer abbaubare Stoffe wie Zellulose. Für den Abbau von Lignin haben die Basidiomyceten besondere Bedeutung. Pilze brauchen Sauerstoff zum Leben, wenn im Kompost Sauerstoffmangel herrscht, verschwinden sie. Sie können Nährstoffe besser aufschließen als Bakterien und überwiegen ihnen gegenüber in sauren Verhältnissen. Pilze vertragen auch Trockenheit besser als Bakterien, hoher Wassergehalt hingegen schädigt sie. Ungünstige Bedingungen überdauern sie als Sporen.

Einzeller

Die kleinsten Tiere im Boden und im Kompost sind Einzeller wie Wimperntierchen, Geißeltiere und Amöben mit einer Größe bis zu 0,2 mm. Ihre Individuenzahl beträgt mehrere Millionen pro Hand voll Gartenerde. Sie sind auf Wasser in den Poren beziehungsweise auf den Wasserfilm, der die Bodenpartikel umgibt, angewiesen. Die Einzeller leben von Pilzen, Algen und pflanzlichen Resten in der Bodenlösung; Amöben ernähren sich von anderen Einzellern.

Springschwänze

Springschwänze sind flügellose Urinsekten mit einer Größe von 0,2 bis 6 mm. Ihren Namen haben sie von einer Springgabel, mit der sie hochschnellen können. Viele Arten leben im Boden (ohne Springgabel) und in der Streuschicht und leisten dort ihren Beitrag zur Humusbildung. Sie haben eine zarte Körperhülle, sind stark austrocknungsgefährdet, und häuten sich ähnlich den Asseln zeitlebens. Springschwänze sind wichtige Erstzersetzer und treten in hohen Zahlen auf. In einer Hand voll Gartenerde treten geschätzte zwei- bis dreihundert Individuen auf. Sie ernähren sich von den weicheren Teilen der abgestorbenen Blätter, die Blattgerüste hinterlassen sie anderen Zersetzern.

Springschwänze

Milben

Die Milben gehören den Spinnentieren an. Sie werden zirka 0,5 bis 2 mm groß und besitzen eine festen Panzer. Im Boden sind die Hornmilben am häufigsten. Sie ernähren sich von Laub, Algen, Bakterien, Pilzen und von Ausscheidungen anderer Tiere. Damit tragen sie zur Reinigung des Kompostes bei und beschleunigen die Zersetzungsvorgänge in den Streuschichten. Die Raubmilben leben von Springschwänzen, Fadenwürmern, Fliegenlarven und anderen Milben.

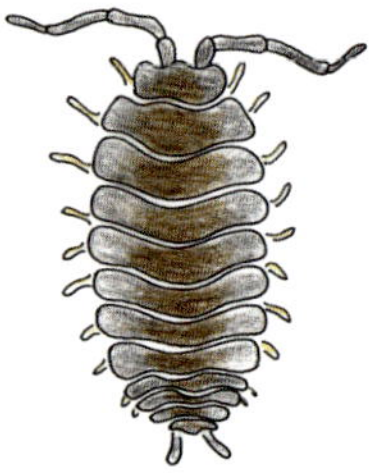

Assel

Assel: Saftkugler

Tausendfüßer

Die Arten der Tausendfüßer sind sehr formenreich – von wurmartig bis asselartig verkürzt. Sie sind bis zu mehrere Zentimeter lang und bewegen sich grabend im Boden. Tausendfüßer brauchen feuchte Umgebung und ernähren sich von frischer Laubstreu und moderndem Holz. Sie leisten ähnliche Arbeit wie Regenwürmer und vermischen organische und mineralische Bodenteilchen in ihrem Darm.

Hundertfüßer

Hundertfüßer leben räuberisch im feuchten Laubstreu oder im Kompost, wo sie reichlich Nahrung vorfinden. Ihre Vorderbeine sind zu einer Art Zangen umgebildet, an deren Spitzen Giftdrüsen sitzen. Damit fangen sie Springschwänze und kleine Regenwürmer.

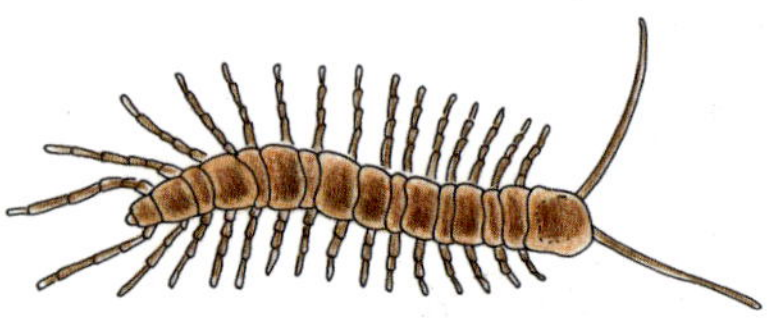

Hundertfüßer

Asseln

Asseln sind Krebstiere, die echte Landformen entwickelt haben. Sie werden 1 bis 2 cm lang und haben einen stark segmentierten Körper. Während ihrer Entwicklung häuten sie sich mehrmals. Die Landasseln können sich nicht vor Verdunstung schützen und trocknen leicht aus. Sie suchen geschützte Orte mit hoher Luftfeuchtigkeit auf und leben gerne unter Steinen und Hölzern oder unter der Laubschicht. Sie meiden saure Bedingungen. Im Komposthaufen sind sie anzutreffen, wenn er eher trocken ist. Asseln sind Nützlinge, die sich von Pilzen, Falllaub, verrotteten Pflanzenresten und Holz ernähren und das Material zerkleinern und grabend durchlüften.

Borstenwürmer

Borstenwürmer sind fast durchsichtig weißlichgelb und bis 5 cm lang. Wie die Regenwürmer nehmen sie pflanzliche Reste und mineralische Bestandteile auf und verdauen sie zu nährstoffreichen Komplexen. Sie können jedoch nicht graben, sondern bewegen sich nur durch bestehende Gänge und Hohlräume. Borstenwürmer leben in der Streuschicht und in den obersten Bodenschichten und treten im Kompost auf, wenn er zu sauer ist, da sie saure Verhältnisse besser vertragen können als Regenwürmer.

Schnecken

Schnecken sind keine typischen Bodentiere und auch an anderen Plätzen anzutreffen. Sie nehmen jedoch eine wichtige Rolle für die Humusbildung ein, vor allem an sauren Standorten. Sie ernähren sich von Bakterien, Pilzen, Pflanzenresten und Erde, vereinzelt auch von anderen Schnecken und Regenwürmern. Mit ihrem Schleim verkitten sie Bodenteilchen und tragen zur Festigung der Bodenstruktur bei. Die Weinbergschnecke sucht alkalische Verhältnisse auf, da sie einen ähnlich hohen Nährstoff- und Kalziumbedarf hat wie der Regenwurm.

Regenwürmer

Im Volksmund hat der »rege Wurm« seinen Namen von seiner regen Tätigkeit im Boden. Bei Regen kommt er an die Oberfläche beziehungsweise an die Luft, vermutlich weil seine Behausungen mit Wasser gefüllt sind. Der Regenwurm atmet über die Haut. In Wasser, das mit Sauerstoff angereichert ist, könnte er lange Zeit überleben. Seine Haut muss immer feucht sein, in trockener Luft trocknet er aus. Am wohlsten fühlt er sich, wenn die Bodenluft nahezu wassergesättigt ist.

WUNDERSAMES LEBEN Sein Körper ist in Segmente gegliedert und hat ein vorderes und ein hinteres Ende. Wenn er durch einen Spatenstich zerteilt wird, kann nur das vordere Ende überleben, falls die Wunde nicht infiziert wurde. Fälschlicherweise wird oft angenommen, dass sich der Wurm durch Teilen »verdoppelt«, weil sich beide Enden noch eine Weile weiter bewegen. Er hat keine Augen und Ohren, aber er besitzt UV-empfindliche Sinneszellen und ist erschütterungsempfindlich. Wenn er längere Zeit ultravioletter Strahlung ausgesetzt ist, stirbt er.

Der Regenwurm saugt das organische Material auf, das von den Mikroorganismen bereits angerottet wurde. Mit Hilfe von Kalkdrüsen erhöht er den pH-Wert seiner Nahrung und macht sie dadurch leichter verdaulich.

Im Darm des Wurms kommt es zu einer starken Vermehrung von Bakterien, die die Zersetzung beschleunigen, sowie zur Vermischung von organischen und mineralischen Teilchen. Es entstehen die sogenannten Ton-Humus-Komplexe (siehe S. 27). Durch die enge Vermischung im Darm liegen die Nährstoffe in den Ausscheidungen besonders konzentriert vor. Die darin enthaltenen Bakterien vermehren sich auch außerhalb des Wurmes und schließen die Nährstoffe weiter auf.

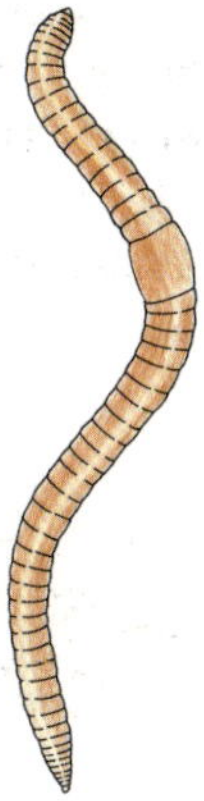

Regenwurm

FORTPFLANZUNG Regenwürmer sind Zwitter und befruchten sich wechselseitig. Wenn sie mit ca. 3 Monaten geschlechtsreif sind, bildet sich eine verdickte Stelle an ihrem Körper aus. An diesem Gürtel heften sich die Würmer aneinander und speichern darin die jeweils fremden Spermien. Ein Drüsensekret im Gürtel sondert einen Schleimring ab, der mit einem oder mehreren befruchteten Eiern abgestreift wird. Der Schleimring verschließt sich an den Enden und wird zum Kokon, aus dem – je nach Art und Temperatur – nach 3 bis 14 Wochen die jungen Würmer schlüpfen.

NATÜRLICHE FEINDE Würmer haben zahlreiche Feinde: Amseln und Krähen, weiters Marder, Maulwürfe, Igel, Spitzmäuse, Kröten, Frösche und sogar kleinere Tiere wie Tausendfüßler und Laufkäfer.

Der Kompostwurm und der allgemein bekannte Regenwurm sind nahe Verwandte. Hier stehen sie stellvertretend für eine Reihe weiterer, sehr ähnlicher Vertreter ihrer Familie.

Kompostwurm *(Eisenia foetida)*

Der Kompost- oder Mistwurm wird bis 14 cm groß und lebt in der obersten und humusreichen Bodenschicht. Im Kompost und vor allem im Mist ist er gehäuft anzutreffen, wo er große Mengen an organischen Substanzen verarbeitet. Da er nahe der Oberfläche lebt, wird der Kompostwurm leicht zur Beute von Vögeln und Maulwürfen. Die Verluste macht er aber leicht durch seine rasche Vermehrung wieder wett. Die zweite große Gefahr, die ihn bedroht, ist der Frost.

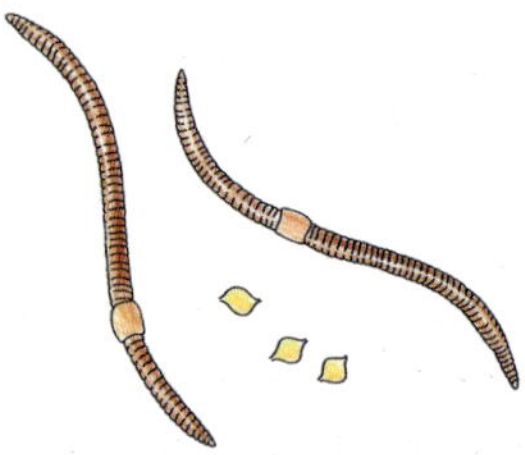

Kompostwürmer mit Kokons

Der Kompostwurm findet seine optimalen Temperaturen bei 15 bis 25 °C vor. Über 40 °C stirbt er, im Kompost tritt er erst in der kühleren Phase in Aktion. Außerdem sind ihm feuchte und neutrale bis leicht saure Verhältnisse mit pH 6 bis 7 am liebsten. Die Jungwürmer schlüpfen nach zirka vier Wochen, die erwachsenen Tiere können wöchentlich einen Kokon mit bis zu zwölf Eiern abgeben. Unter günstigen Bedingungen verdoppelt sich ihre Population alle zwei bis drei Monate.

Tauwurm oder Gemeiner Regenwurm *(Lumbricus terrestris)*

Die Regenwürmer sind die größten der hier beschriebenen Bodentiere. Gewichtsmäßig machen sie einen Großteil der Bodenfauna aus. Bei der Kompostierung treten sie in der letzten Phase in Aktion und arbeiten den frischen zu reifem, gleichmäßig feinkrümeligen Kompost um.

TIPP **Der Tauwurm ist der allgemein bekannte Regenwurm. Seine Anwesenheit ist immer ein gutes Zeichen für den Garten: Wo er in großer Zahl auftritt, ist die Erde gelockert und mit Nährstoffen gut versorgt.**

NATÜRLICHE DURCHLÜFTUNGSSYSTEME Regenwürmer werden bis zu 30 cm lang und bohren Gänge von bis zu 2 Metern Tiefe in die Erde. Von den oberen Schichten ziehen sie abgestorbene organische Stoffe in ihre Gänge, von den tieferen transportieren sie Erde nach oben. Sie durchziehen den Boden mit ihren Röhren und kleiden diese mit Schleim und Ausscheidungen aus. Damit verfestigen sie sie und erhalten ein Durchlüftungssystem im Boden. Die Lockerung erhöht die Kapazität zur Wasseraufnahme. Ihre Ausscheidungen sammeln sich an der Bodenoberfläche an, so wird eine große Menge Material von unten nach oben befördert.

MECHANISCHE LOCKERUNG Durch Umgraben werden die Gänge im Boden zerstört, der Regenwurm schafft sich wieder neue. Wiederholt sich dieser Vorgang jedoch zu oft, verzieht er sich. Die mechanische Lockerung ist aber nicht so stabil wie die biologische, es fehlen die Kittsubstanzen der Bodentiere und der nächste Regen verschlämmt die Erde wieder. Die Regenwürmer tragen außerdem wesentlich zur Durchmischung der Bodenschichten bei. Sie sind sogenannte Erdfresser und mischen die organischen und die unverdaulichen mineralischen Bestandteile zu stabilen Krümeln mit hohem Gehalt an pflanzenverfügbaren Nährstoffen.

IDEALE BEDINGUNGEN Sie wandern in den Kompost ein, wenn die Temperaturen unter 18 °C absinken. Bei großer Kälte ziehen sich die Würmer wieder in tiefere, frostfreie Bodenschichten zurück. Sie verbringen den Winter in einer Art Kältestarre in 40 bis 80 cm Tiefe, oder an geschützten Plätzen wie unter Steinen, Baumstümpfen oder im Kompost. Manchmal sind sie sogar noch unter der Schneedecke aktiv anzutreffen. Doch nicht nur die Kälte, vor allem die fehlende Durchfeuchtung des gefrorenen Bodens macht den Würmern zu schaffen und sie trocknen langsam aus. Der Regenwurm vermehrt sich nicht so rasch und ist nicht so aktiv wie der Kompostwurm. In den tieferen Bodenschichten hat er ein ruhigeres Leben und ist Gefahren wie Frost und Fressfeinden nicht so stark ausgesetzt. Aus den Kokons, die im Herbst abgelegt wurden, schlüpfen im Frühjahr die Jungwürmer bei Bodentemperaturen über 10 °C.

Kleiner Wurm mit großen Folgen

Den großen Einfluss des Regenwurms auf die Umwandlung organischer Substanzen zeigen Beobachtungen im Chippewa National Forest in Bundesstaat Minnesota, in den USA.

Bei uns ist der Regenwurm ein gern gesehener Nützling, der viel zur Bodenfruchtbarkeit beiträgt. Doch in den Wäldern Nordamerikas stört er das Ökosystem empfindlich.

Der dort heimische Regenwurm verschwand wahrscheinlich während der letzten Eiszeit. Der europäische Regenwurm wurde von Siedlern mitgebracht, die ihn als Nützling zu schätzen wussten. In die Wälder wurde er erst in den letzten Jahrzehnten eingeschleppt – hauptsächlich durch Angler, die übrig gebliebenen Köderwürmern die Freiheit schenkten.

Von selbst wandert er nur fünf bis zehn Meter pro Jahr. In den wurmlosen Waldböden bildet die Laubstreu eine dicke Auflage. Die Zersetzung der Laubstreu erfolgt rein durch Pilze und Mikroorganismen und geht sehr langsam vor sich. Dort, wo die europäischen Regenwürmer eingedrungen sind, haben sie die Laubstreuschicht in kurzer Zeit mit den darunter liegenden Schichten vermengt und zu nährstoffreicher Erde umgewandelt. In unseren Wäldern bleibt das Falllaub jedoch über den Winter am Boden liegen und wird erst in der nächsten Saison von den Regenwürmern in ihre Gänge gezogen. Die Blätter des Zuckerahorns, der in den Wäldern Nordamerikas vorherrscht, sind jedoch für den Regenwurm viel zu leicht verdaulich. Die Laubstreu ist bereits vor dem Frühjahr aufgebraucht, der nackte Boden trocknet schneller aus und es kommt zu Auswaschung und Erosion. In diesen Wäldern gibt es fast keine Zuckerahorn-Keimlinge mehr, während in den wurmfreien Wäldern bis zu 100 Pflänzchen pro m^2 aufgehen.

In Minnesota versucht man, die Verbreitung der Würmer durch genaue Beobachtung in den Griff zu bekommen. Weiter Eingriffe zur Bekämpfung des Eindringlings würden das Ökosystem nur noch mehr stören.

Der richtige Platz

Eine standortgerecht gesetzte Pflanze hat die besten Voraussetzungen, ohne viel Pflege zu gedeihen. Mit dem Kompost ist es ähnlich: mit der Wahl des richtigen Standortes und der Wertschätzung für das Leben in ihm bringt er wenig Arbeit mit sich. Kleine Gärten werden meist intensiv gepflegt und jeder Platz wird gut genutzt. Die Pflanzen, die reich blühen oder Früchte tragen sollen, brauchen ausreichend Nährstoffe. Auf engem Raum gibt es weniger Ausgleichsflächen, daher muss umso mehr auf die Erhaltung einer natürlichen Selbstregulation geachtet werden. Hier kommen oft geschlossene Kompostbehälter zum Einsatz, die wenig Raum benötigen. In großen Gärten fällt viel Material an – großzügige Kompostplätze, auf denen mehrere Kompostkisten oder Mieten Platz haben und das reichlich anfallende Material gelagert werden kann, machen sich bezahlt.

TIPP **Des öfteren sind auch zwei Kompostplätze praktisch, einer in Küchennähe und einer weiter weg im Garten, wo vielleicht auch eigene Laub- und Ästehaufen angelegt werden und Tiere und Pflanzen eine ungestörte Nische finden können.**

Geschützt, aber nicht versteckt

Der erste Schritt zum Kompost ist die Wahl eines geeigneten Platzes. Der Standort sollte halbschattig und windgeschützt sein, denn alle extremen Bedingungen machen den Bodenorganismen das Leben schwer.

Zu große Hitze oder Kälte hemmen die Aktivitäten. Dann kapseln sich die Bodentiere ein oder ziehen sich in tiefere Schichten zurück und warten auf bessere Zeiten. Zu viel Wind entzieht Wärme und trocknet den Kompost aus, Nässe führt zu Sauerstoffarmut und Fäulnisprozessen.

PROBLEMATISCHE STANDORTE

Wenn der Kompost in die unbeliebteste und dunkelste Ecke verbannt wird, werden voraussichtlich die schlimmsten Befürchtungen wahr: durch mangelnde Wärme verzögert sich die Verrottung, Nässe trocknet nicht auf und Fäulnis macht sich durch Geruchsbelästigung bemerkbar. Der Kompost wird schmierig und enthält schädigende Stoffe. Oder der Platz wird gar nicht genutzt und vergessen, weil er zu weit weg von den täglichen Wegen ist. Das Ergebnis ist die Bestätigung, dass Kompost im eigenen Garten nicht funktioniert.

Alle Wege führen ... zum Kompostplatz

Kompost spielt eine zentrale Rolle im Gartenhaushalt. Manche bezeichnen ihn als Herz oder Bauch des Gartens, denn hier kommen alle Rohstoffe zusammen und werden zu neuen Stoffen verdaut. Abfälle werden angeliefert, die Komposterde wieder verteilt.

Der Kompostplatz wird beim Gärtnern häufig aufgesucht und soll in die Arbeitsabläufe von Haus- und Gartenarbeit integriert sein.

KURZE WEGE ❧ Der Weg von der Küche zum Kompost sollte möglichst kurz sein. Vor allem im Winter darf die Kompostierung nicht am schwierigen Zugang zum Kompostplatz scheitern. Wenn Küchenabfälle nicht ohne Umstände, wie zum Beispiel nasse Füße durch Gehen im hohen Gras, zum Kompostplatz gebracht werden können, ist eine Zwischenstation sinnvoll. Mit einer Überdachung ist sie gut geschützt.

Die Küchenabfälle werden dort hauptsächlich in den nassen und kalten Monaten gesammelt, in der warmen Jahreszeit sollte darauf geachtet werden, dass hier keine Fäulnisstätte entsteht.

OFFENER BODEN ❧ Kompost braucht offenen Boden, davor sind Steine oder Bretter angenehm. Einfach auf den Boden aufgelegte Trittsteine können leicht versetzt werden und machen die Anlage flexibel.

GEEIGNETE WEGE ❧ Befestigte Wege zum Kompostplatz erweisen sich bei nassem Wetter als praktisch. Der Kompostplatz sollte auf jeden Fall bequem zu erreichen sein, damit er auch dann aufgesucht wird, wenn wenig Zeit ist, und wenn der Garten gerade kein aktuelles Thema ist. Dies ist für alle wichtig, für die die Durchführung einer Kompostanlage sowieso zu den guten Vorsätzen gehört.

GENÜGEND PLATZ ❧ Um den Platz herum sollte genug Raum sein, um mit Kübel, Schaufel und Schubkarre zu hantieren, und der Kompost sollte von allen Seiten Luft bekommen. Die notwendige Größe richtet sich nach der Größe des Gartens (siehe praktischer Teil). Ideal sind zwei Kompostkisten oder Mieten und ein Sammelbehälter, um den Aufbau besser steuern zu können. In einem größeren Garten kann ruhig Platz für mehrere Komposthaufen vorgesehen werden, die unterschiedlich lang reifen. So ist zum Beispiel auch Platz für eigenen Laubkompost, der längere Zeit zum Verrotten braucht.

Pflanzen für den Kompostplatz

Bäume oder Sträucher sorgen für eine ideale Beschattung. Gegen die Hauptwindrichtung gepflanzt, bieten sie entsprechenden Windschutz. Altbewährte Schattenspender für den Kompost sind Obstbäume, Holler, Hasel und Flieder. In kleinen Gärten befindet sich der Kompostplatz vielleicht am Rand des Gemüsebeetes mit einer Abgrenzung aus Beerensträuchern oder Sonnenblumen. Auch im Schutz einer Mauer, an der Gartenhütte oder am Zaun und ergibt sich ein geborgener Platz, der mit Rankpflanzen und Sträuchern ergänzt werden kann.

Mit Kürbis bewachsener Kompost

OBSTBÄUME ❧ Kompostplätze unter Zwetschgen- und anderen Obstbäumen haben eine malerische Umrahmung und die richtige Beschattung. Das Blätterdach bietet einen guten Schutz vor Regen.

HOLUNDER ❧ In größeren Gärten ist der Holunder die ideale Begleitung. Holunder liebt stickstoffreiche Böden und passt gut zum nährstoffreichen Kompostplatz. Er ist ausgesprochen windfest, wächst sehr rasch und seine überhängenden Äste beschatten den Kompostplatz wie ein Schirm. Früher gehörte ein Hollerbusch zu jedem Garten. Seine duftenden Blüten und seine schönen Früchte können vielfältig verwertet werden. Er wird gerne von Blattläusen befallen, die dafür die Vermehrung der Marienkäfer fördern. Die nützlichen Marienkäfer sind dann zur Stelle, wenn die Blattläuse an anderen Pflanzen überhand nehmen.

HASELN ❧ sorgen für einen starken Sichtschutz und für Beschattung, sie haben ein sehr dichtes Laub und werden bis zu 7 m hoch. Für Bienen sind sie die erste Nahrungsquelle im Frühjahr, und nicht nur die Haselmaus freut sich über die Nüsse. Damit die Hasel Früchte tragen kann, muss ein zweiter Strauch zur Befruchtung in der Nähe sein. Die geraden Zweige eignen sich außerdem als Bohnen- und Paradeiserstangen und zum Spielen oder Schnitzen.

ROTER HARTRIEGEL ❧ Als Umrahmung des Platzes eignet sich auch der Rote Hartriegel. Er liebt lehmigen, nährstoffreichen Boden und wird bis zu 5 m hoch. Der robuste, heimische Strauch überzeugt mit seinen cremeweißen Blüten im Mai und seinen roten Zweigen im Winter.

FLIEDER ❧ wird ebenso gerne gepflanzt. Er hat eine sehr geeignete, überhängende Wuchsform, vor allem, wenn er frei wachsen kann. Der beliebte Gartenstrauch wird bis 6 m hoch und sieht oft im Alter besonders interessant aus. Ebenso können Forsythie, Ranunkelstrauch oder Pfeifenstrauch zum Kompostplatz gesetzt werden.

WILDROSEN ❧ In kleinen Gärten kann auch eine Wildrose (z.B. die Hundsrose) die Kompostkiste umrahmen, denn sie hat einen hübschen Wuchs und schöne Blüten. Eigentlich stellt sie geringe Ansprüche an den Boden, der vor allem durchlässig sein soll. Ihre Stacheln bieten kleinen Tieren Schutz, die Hagebutten zieren den Strauch den ganzen Winter über und sind sehr vitaminreich.

BEEREN ❧ Als seitliche Abgrenzung eignen sich Beerensträucher sehr gut. Ribisel, schwarze Johannisbeeren und Stachelbeeren trennen den Kompost optisch vom angrenzenden Gartenbereich. Sie nehmen gerne reichlich Kompost oder Mulchmaterial auf. Die **Himbeere** wächst wild auf Kahlschlägen und Lichtungen auf tiefgründigen Böden und fühlt sich im nährstoffreichen Kompostbereich wohl. Im Garten braucht sie einfache Holzrahmen oder gespannte Drähte, um sich daran festzuhalten. Diese können zugleich als Abgrenzung dienen. Auch Brombeeren brauchen eine Stütze.

EINJÄHRIGE PFLANZEN ❧ wie **Sonnenblumen,** aber auch **Mais** und **Feuerbohnen** an Stangen sorgen für eine rasche und bunte Einfassung. Mit Sonnenblumen-Keimlingen ist Vorsicht bei Schnecken geboten, die jungen Pflanzen haben im Freien kaum Chancen und werden besser in Töpfen vorgezogen. **Kapuzinerkresse** sorgt im Sommer für leuchtende, gelb-rote Farbtupfer. Davor könnten noch **Ringelblumen** blühen. Die Ringelblume wächst gerne auf humosem Boden, ihre Samen säen sich jedes Jahr selbst aus. Ihre leuchtend gelben und orangen Blüten sind auch in der Vase und in Salaten eine willkommene Abwechslung. Ein **buntes Beet** an einer Seite steht dem Kompostplatz auf jeden Fall gut, Gartenblumen können sich hier mit wild aufkommenden Blumen und Kräutern mischen.

GEMÜSE ❧ Am Rand des Kompostes gedeihen **Kürbis** und **Zucchini** sehr gut, da sie besonders viele Nährstoffe brauchen. Ihre Wurzeln sollten jedoch nicht in den Kompost hineinwachsen, da sie ihm sonst zu viele Nährstoffe entziehen.

»Wilde Ecke«

Oft ergibt sich in der Nähe der Kompostanlage ein Platz für eine **wilde Ecke.** Dieser Bereich ist eine wichtige Ausgleichsfläche, in der Wildpflanzen eine Nische finden und Tiere sich zurückziehen können. In ungestörten Laub- und Ästehaufen finden zum Beispiel Igel und Kröten ein Quartier. In Kompostnähe stellen sich darin gerne Brennnessel und Beinwell ein, die die ausgewaschenen Nährstoffe verwerten. Die **Brennnessel** ist gleich zur Hand für stickstoffreiche Brennnesseljauche, mit der der trockene Kompost gegossen wird. Bei größerem Bestand ist sie Futterpflanze für viele Schmetterlingsarten.

Wenn die wilde Ecke bewusst in die Gestaltung des Gartens einbezogen wird, ist es keine unordentliche Ecke, sondern ein Beitrag zu einem abwechslungsreichen Gartenbild.

Vom Rohmaterial zum wertvollen Dünger

Die richtig gemischten organischen Abfälle wandeln sich durch Abbau- und Umwandlungsprozesse zu wertvoller Komposterde. Der reife Kompost ist ein vollwertiger Langzeitdünger, der fast überall im Garten gebraucht wird. Er verbessert die Bodenstruktur und nährt das Bodenleben, das die Nährstoffe für die Pflanzen bereitstellt. Die Pflanzen holen sich aus dem Boden, was und wann sie es brauchen und wachsen kräftig und gesund. Pflanzenstärkung ist die beste Vorbeugung gegen Krankheiten und Schädlingsbefall.

Aufbau eines Komposthaufens

Neben der Wahl des Standortes ist das richtige Aufsetzen der Materialien für das Klima im Kompost entscheidend. Der Aufbau soll vor allem locker genug sein, um eine ausreichende Luftzufuhr bis in das Innere des Komposthaufens zu gewährleisten.

Die Unterlage

Der Kompost steht in Kontakt mit der darunterliegenden Erde und wird direkt auf den gewachsenen Boden aufgebracht. So können Würmer und andere Bodenlebewesen von unten zu- und später wieder abwandern. Die erste Lage dient zur Wasserableitung und Durchlüftung der inneren Schichten. Sie wird locker aus groben Ästen und Zweigen aufgebaut. Überschüssiges Wasser kann im Kompost abrinnen und Luft zuströmen, eine Vernässung von unten wird verhindert. Bei schweren, dichten Böden kann die oberste Bodenschicht durch Sand ersetzt werden, um die Wasserdurchlässigkeit zu erhöhen. Bei sandigen Böden hilft eine Schicht lehmige Gartenerde, die gelösten Nährstoffe abzufangen und zu speichern.

Organische Abfälle aus Küche und Garten

Auf die Unterlage werden die organischen Abfälle aufgeschichtet. Nasse und feste Stoffe werden mit lockeren Materialien möglichst gut miteinander vermischt. Es gilt: Viele unterschiedliche Ausgangsstoffe führen zu einer reichhaltigen Komposterde.

Frische Pflanzenreste und Küchenabfälle sind oft sehr feucht und kleben dicht aneinander. In den Kompost gehören daher ausreichende Mengen an trockenen, sperrigen Materialien, auch wenn diese länger zum Verrotten brauchen. Strukturreiche Pflanzenteile wie kleine Äste, Zweige, Staudenreste und Stroh bilden beim Aufschichten Hohlräume, in denen die Luft zirkulieren kann. Holzabfall und Sägespäne nehmen das überschüssige Wasser aus feuchten Abfällen auf.

Gartenerde

Einige Schaufeln Gartenerde sind sehr hilfreich für die Kompostherstellung. Sie wirken ausgleichend auf die Struktur der unterschiedlichen Kompostmaterialien und sind geruchsbindend und fäulnishemmend. Die Gartenerde enthält Bodenleben und Minerale und vermehrt die Kompostmenge.

Durch Zugabe von bereits vorhandenem, halbreifen Kompost wird das neue Material mit den geeigneten Bodenlebewesen geimpft, die damit von Anfang an zur Stelle sind und sich schneller vermehren können. In der Reifephase der Kompostierung werden die mineralischen Anteile der Erde mit den organischen des Kompostes vermengt und unterstützen den Gefügeaufbau.

Zusätze

Zur Unterbindung von Gerüchen kann der Bioabfall auch mit Gesteinsmehl oder Algenkalk gestaubt werden. Damit werden dem Kompost zugleich mineralische Nährstoffe zugeführt. Weitere Zugaben wie Mist, Hornspäne oder Brennnesseljauche versorgen die Mikroorganismen mit stickstoffreicher Nahrung und beschleunigen die Verrottung.

Die Abdeckung

Nun folgen weitere Schichten aus organischen Abfällen, Erde und weiteren Zusätzen, bis eine Höhe von ca. 1,5 m erreicht ist. Im Durchschnitt sollte der freistehende Komposthaufen 1,5 m breit sein, seine Länge ist beliebig. Komposthaufen werden möglichst bis zur gewünschten Höhe aufgebaut, um genug Volumen zu erreichen. Zu flache Haufen können sich nicht richtig erwärmen. Wenn der Komposthaufen die gewünschte Höhe erreicht hat, wird er mit Erde oder umgedrehten Grassoden bedeckt und damit vor Wind und Regen geschützt. Die Erddecke hält Wärme und Feuchtigkeit im Kompost. Ein zusätzliches Dach oder eine Abdeckung schützen vor schweren Regengüssen und verhindern Auswaschung und Vernässung.

Abdecken des Kompostes

Aufbau eines Komposthaufens

Die Aufbringung des Materials in Schichten hilft, einen besseren Überblick über den Aufbau zu erhalten. Die Dicke der Schichten hängt vom anfallenden Material und dessen Handhabung ab. Für die Bodenlebewesen selbst ist die gute Durchmischung wesentlich.

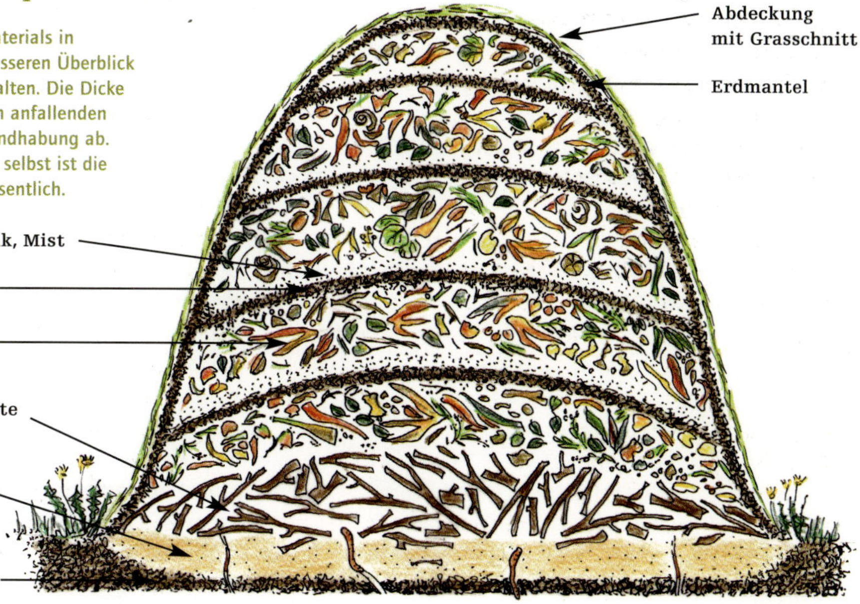

Was geschieht bei der Kompostierung?

Der Vorgang der Kompostierung lässt sich in drei Phasen beschreiben: Abbau des Ausgangsmaterials, Umbau in neue Verbindungen und Aufbau und Durchmischung zu volumenreicher, homogener Komposterde. Die einzelnen Phasen lassen sich nicht genau voneinander trennen, ihre Übergänge sind fließend.

Während der Kompostierung lösen sich die Bodenlebewesen ab, indem bestimmte Organismen das jeweilige Nahrungsangebot nutzen. Deren Abbauprodukte oder auch sie selbst dienen den nächsten als Lebensgrundlage, wobei sich auch die Umweltbedingungen wie Temperatur, Feuchtigkeit und Sauerstoffgehalt ändern. Diese Vorgänge finden teilweise nebeneinander statt. Der Abbau der organischen Stoffe erfolgt nur zum Teil vollständig. Durch Um- und Aufbau von Zwischenprodukten entstehen neue organische Verbindungen, die an der Gefügebildung des Bodens beteiligt sind und den Pflanzen die Nährstoffe bereit halten.

Der Abbau

Mit dem Absterben beginnt die Zersetzung. Die ersten Abbauvorgänge werden von Enzymen ausgelöst und laufen als chemische Reaktionen in den Zellen ab. Die Aufspaltung von polymeren/langkettigen Verbindungen in ihre Bausteine setzt ein: Stärke wird in Zuckermoleküle oder Eiweiß in Aminosäuren zerlegt. Mikroorganismen, die überall in großer Zahl zur Stelle sind, zersetzen die abgestorbenen Zellgewebe weiter. Zellinhaltsstoffe wie Stärke, Pektine und Eiweiß werden am leichtesten abgebaut. Zellwandstoffe wie Zellulose und Lignin sind wesentlich haltbarer und ihre Zersetzung wird später von Spezialisten in Angriff genommen. Die Mikroorganismen nutzen die freigesetzten Stoffe als Energiequelle oder zum Aufbau eigener Körpersubstanz.

MINERALISIERUNG Zur Energiegewinnung werden die Stoffe vollständig zu Wasser und Kohlendioxid abgebaut, wobei auch Mineralstoffe freigesetzt werden. Der vollständige Abbau wird als Mineralisierung bezeichnet.

TEMPERATUR IM KOMPOST Da die Mikroorganismen im Kompost ein geballtes Nahrungsangebot vorfinden, vermehren sie sich rasch und setzen große Mengen an Material um. Dabei wird Energie in Form von Wärme frei: Im Inneren des Komposthaufens steigen die Temperaturen bis auf 70 °C an. Bei diesen Temperaturen können nur wenige Spezialisten überleben. Die Hitzeentwicklung wirkt heilend wie Fieber: Krankheitserreger und Wildkrautsamen werden abgetötet.

GESUNDE ERDE Der Gartenboden bekommt gesunde Erde zurück. Die große Hitze hält von einigen Tagen bis zu mehreren Wochen an. Der pH-Wert des Kompostes, der anfangs sehr sauer (pH 4,5–5) ist, wird umso alkalischer (bis pH 8,5), je heißer er wird.

GESUNDE LEBENSGEMEINSCHAFTEN Die Reinigung erfolgt aber nicht nur durch die hohen Temperaturen, sondern auch durch rein mikrobielle Aktivitäten. Pilze bilden Antibiotika aus, die Krankheitskeime abtöten; so kann im Kompost z.B. Penicillin nachgewiesen werden. Weitere Stoffwechselprodukte der Mikroorganismen wie Vitamine, Hormone und andere Wirkstoffe unterbinden schädliche Entwicklungen und stärken die Gesundheit der gesamten Lebensgemeinschaft.

Wesentlich für die Vermehrung der Mikroorganismen ist das Verhältnis von Kohlenstoff zu Stickstoff in ihrer Nahrung sowie Wassergehalt und Sauerstoffzufuhr. Je besser sie sich vermehren können, desto rascher erfolgt der Abbau des Rohmaterials.

Der Umbau

Nach ca. 3 bis 5 Wochen haben die hitzeliebenden Bakterien ihre Arbeit getan, die Temperatur beginnt zu sinken und andere Mikroorganismen stellen sich ein. Nun werden schwer abbaubare Stoffe wie Zellulose und Lignin zerlegt. Zellulose ist die Gerüstsubstanz der Zellwand der Pflanzen, Lignin bedingt die Festigkeit verholzter Pflanzenteile. Zellulose wird von Pilzen und Actinomyceten (Strahlenpilzen) abgebaut. Lignin wird von verstärkt auftretenden Basidiomyceten (Ständer- oder Hutpilzen) aus komplexen Zelluloseverbindungen freigelegt. Die Abbauprodukte dieser schwer zersetzbaren Substanzen werden mit anderen Bausteinen zu vielfältigen hochmolekularen Verbindungen, den Huminstoffen, zusammengesetzt. Die Huminstoffe selbst sind sehr stabil, in komplexen Verbindungen speichern sie Nährstoffe und halten sie in austauschbarer Form bereit. Durch die Auflösung der Pflanzengerüste fallen die aufgeschichteten Materialien in sich zusammen, die Temperatur sinkt weiter ab. Der pH-Wert pendelt sich auf einen annähernd neutralen bis leicht alkalischen Wert (pH 7,5) ein.

Buntes Herbstlaub

Im Jahreskreislauf zeigen Bäume und Sträucher die ersten Zersetzungsvorgänge in ihren Blättern in bunten Farben an. Der Abbau von Chlorophyll in den Blattzellen setzt bereits vor dem Laubfall ein und führt zu den herbstlichen Verfärbungen.

Der Aufbau

Jetzt ist die Nahrung für Bodentiere aufbereitet, die auch mit freiem Auge gut sichtbar sind. Sie zerlegen die angerotteten Teile mit ihren Mundwerkzeugen, fressen organische und mineralische Bestandteile, verdauen und vermengen sie dabei. Es entsteht eine homogene, nährstoffreiche, lockere und elastische Substanz – der fertige Kompost.

GROSSE LEISTUNGEN Beträchtlichen Umsatz leisten dabei die großen Bodentiere – zuerst der wärmeliebende Kompostwurm, der den frischen Kompost liefert, später der Regenwurm, der sich durch das Material gräbt und es noch weiter mischt und stabilisiert. Die Würmer nehmen die mineralischen und organischen Bestandteile samt Mikroorganismen auf und verdauen sie zu komplexen Verbindungen, die wiederum schwer zersetzbar und reich an Nährstoffen sind.

Zersetzung

Das C/N-Verhältnis

Kohlenstoff (C) dient als Energielieferant. Durch den Abbau von kohlenstoffhaltigen Verbindungen setzen die Mikroorganismen die zum Leben notwendige Energie frei. Stickstoff (N) ist ein Grundbaustein von Eiweiß. Die Mikroorganismen brauchen Stickstoff zum Aufbau der körpereigenen Eiweißverbindungen. Damit sie sich vermehren und das Kompostmaterial rasch umsetzen können, benötigen sie eine ausreichende Menge an Stickstoff.

PFLANZENRESTE enthalten im Allgemeinen sehr viel Kohlenstoff. Am kohlenstoffreichsten ist trockenes, holziges Material wie Häcksel und Stroh. Viel Stickstoff ist in dichtem, feuchtem Material wie frischem, grünen Gras oder Gemüseabfällen enthalten. Besonders stickstoffreich sind tierische Abfälle.

STICKSTOFF-ANTEILE Für die Zersetzer der ersten Stunde ist ein C/N-Verhältnis von 20:1 bis 30:1 optimal, d.h. 20 bis 30 Teile Kohlenstoff auf einen Teil Stickstoff. Unter günstigen klimatischen Bedingungen bringen sie Höchstleistungen. Ist der Stickstoff-Anteil zu gering, kommt die Verrottung nicht richtig in Gang, weil die Bakterien zu wenig körpereigene Substanz aufbauen können. Sie müssen den überschüssigen Kohlenstoff zuerst als Kohlendioxid veratmen und viele Generationen durchlaufen, um das Verhältnis auszugleichen. Trockene Häcksel- oder Strohhaufen können Jahre zum Verrotten brauchen.

Grobes Strukturmaterial zur Durchlüftung

Bei einem Übermaß an Stickstoff geht die Stoffumwandlung sehr rasch vor sich, die neu gebildeten Verbindungen sind jedoch nicht lange haltbar. Der Stickstoff geht gasförmig in die Luft über und ist damit als Nährstoff im Boden verloren.

GUTE DURCHMISCHUNG Da Stickstoff vor allem in frischen, grünen Abfällen enthalten ist, genügt es, auf eine gute Durchmischung der Materialien zu achten. Um Fäulnis zu vermeiden werden sie mit kohlenstoffreichen Strukturmaterialen aufgelockert. Ein gut gemischter Kompost verrottet ohne Zugabe von weiteren Stoffen. Durch zusätzliche Stickstoffgaben in geringer Menge kann die Kompostentwicklung beschleunigt werden. Es ist sinnvoll, Tiermist oder Hornmehl auf die Kompostschichten zu streuen oder den trockenen Kompost mit Brennnesseljauche, die sehr stickstoffhaltig ist, zu gießen.

Abbaugeschwindigkeit im Kompost

Das C/N-Verhältnis in den Rohabfällen gilt als Maß für die Abbaugeschwindigkeit. Bei Stickstoff-Mangel, wenn also auf eine hohe Anzahl von Kohlenstoff-Anteilen nur ein Stickstoff-Anteil kommt, spricht man von einem weiten C/N-Verhältnis, was bedeutet, dass das Material schwer aufzuschließen und daher langsamer abbaubar ist. So haben zum Beispiel Stroh, Holz oder Sägemehl ein C/N-Verhältnis von 100:1 und mehr. Reine Laubhaufen haben ein günstigeres C/N-Verhältnis von ca. 50:1, hier wird der Verrottungsprozess allerdings durch Gerbsäuren gehemmt. Ein enges C/N-Verhältnis von 1:15–20 haben frischer Rasenschnitt oder Gemüseabfälle. Diese faulen und gären jedoch sehr leicht, weil sie zu nass und dicht sind. Durchmischung ist angesagt! Wobei der Anteil an strukturreichem Material entsprechend hoch sein soll.

Kompostieren – ein aerober Prozess

Bei der Kompostierung erfolgt die Zersetzung durch aerobe, d.h. Sauerstoff atmende, Bakterien und Pilze. Wenn sie die Prozesse leiten, findet eine gesunde Umwandlung statt. Wie die Bildung der Humusschicht in der freien Natur bringt die Kompostierung frische Erde hervor, an der man gerne riecht und die man gerne in die Hand nimmt.

DIE AEROBEN BAKTERIEN holen sich Sauerstoff aus der Luft, die in den Hohlräumen des Kompostes zirkuliert. Andererseits brauchen sie ein ausreichend feuchtes Klima zum Gedeihen, denn bei Trockenheit kommen alle Prozesse zum Stillstand. Im feuchten Material füllt Wasser die Hohlräume und verdrängt die Luft. Zu viel Wasser führt daher zu Sauerstoffmangel. Wenn der Kompost zu dicht und zu nass ist, gerät der Lebensraum aus dem Gleichgewicht.

TIPP **Auch die Tier- und Pflanzenwelt des Gartens zieht einen angenehm riechenden, gesunden Kompost vor. Gewinnen schädliche Bakterien, deren Stoffwechselprodukte häufig giftig für andere Tiere und Pflanzen sind, die Oberhand, verschwinden die Pilze, weil diese Sauerstoff zum Leben brauchen. Bakterien bauen Stickstoff nicht in ihre Körpersubstanzen ein und es kommt zu großen Stickstoff-Verlusten. Krankheitskeime können sich ausbreiten, Fliegen und andere Überträger von Krankheiten stellen sich ein – der Schädlingsbefall im Garten wird gefördert.**

ANAEROBE BAKTERIEN Unter Sauerstoffabschluss kommen anaerobe Bakterien zum Zug und Fäulnis setzt ein. Dies führt dazu, dass das Biotop Kompost kippt – so wie der klare Teich kippt und trüb wird – und ungesunde Stoffe und unangenehme Gerüche entwickelt. Durch Fäulnis entstehen Verbindungen wie Schwefelwasserstoff, Ammoniak und Methan, die uns in die Nase steigen und deutlich machen, dass die Zersetzung nicht richtig abläuft. Instinktiv lehnen wir diesen unansehnlichen Haufen ab.

TIPP **Mit einer guten Durchmischung von unterschiedlichen Materialien – grob-fein, feucht-trocken, fest-flüssig – ergeben sich sowohl ein gutes C/N-Verhältnis als auch günstige Sauerstoff- und Wasserverhältnisse.**

RICHTIGE KOMPOSTPFLEGE Auch hier lautet das beste Rezept für einen gesunden Kompost: Auf eine gute Durchmischung und eine lockere Schichtung des Rohmaterials achten! Vor allem in der kalten Jahreszeit ist es wichtig, dass der Komposthaufen vor zu viel Nässe geschützt wird. Eine Abdeckung fängt starke Regengüsse auf, Staunässe wird durch eine durchlässige Unterlage vermieden. Es ist leichter, einen zu trockenen Kompost zu gießen und die Lebensprozesse damit wieder in Schwung zu bringen, als einen nassen und faulenden Kompost in die gewünschten Bahnen zu lenken.

Durch die anaeroben Vorgänge werden die Stoffe rasch zerlegt statt zu stabilen Verbindungen umgebaut; außerdem entstehen dabei schädliche Stoffe. Die aeroben Bakterien müssen sich in diesem Umfeld erst durchsetzen, wenn sich die Sauerstoff-Verhältnisse für sie gebessert haben. Auch der Mensch hat mehr Arbeit: er muss den Kompost umschichten und neu aufsetzen.

Die fertige Komposterde

Reifegrad

Je nach Reifegrad unterscheidet man zwischen frischem und reifem Kompost.

FRISCHER KOMPOST

Frischer oder roher Kompost ist bereits erdbraun gefärbt und grob krümelig. Die Kompostwürmer haben ihre Arbeit getan und sind nicht mehr zu sehen. Holz- und Faserteilchen, die länger zum Zersetzen brauchen, sind deutlich erkennbar. Frischer Kompost ist sehr nährstoffreich. Viele Nährstoffe wurden bereits aufgeschlossen, aber noch nicht in dauerhafte Strukturen eingebunden. Sie stehen sofort zur Verfügung, werden jedoch für einen späteren Bedarf nicht genug festgehalten.

TIPP **Starkzehrer mit einem hohen Nährstoffbedarf wie Tomaten, Zucchini und Gurken nehmen Frischkompost dankbar an. Bei empfindlichen Pflanzen schädigt er die Wurzeln.**

UMWANDLUNGSPROZESSE Diese Prozesse laufen im Boden weiter ab. Die organischen Stoffe, die zum Abbau zur Verfügung stehen, bilden somit eine Nährstoffreserve. Der Frischkompost darf nur oberflächlich eingearbeitet werden und der Boden sollte gut durchlüftet sein: die Mikroorganismen arbeiten nach ihrem Standortwechsel weiter und benötigen dazu Sauerstoff. Sie geben Kohlendioxid ab, das den Pflanzen gleich in Bodennähe zur Verfügung steht und wachstumsfördernd wirkt. Die frische Auflage sollte mit Gras oder Laub abgedeckt werden, um sie möglichst warm und feucht zu halten und das mitgelieferte Leben zu fördern.

REIFER KOMPOST

Bei weiterer Lagerung geht der frische in den reifen Kompost über: es erfolgt die Humusbildung. Schwer abbaubare Substanzen werden weiter zerlegt und umgewandelt. Die daraus gebildeten Huminstoffe färben den Kompost dunkler, die Krümel werden feiner und gleichmäßiger. Mit zunehmender Reife werden die Nährstoffe stärker in den Huminstoffanteil eingebunden. Die Umsetzung erfolgt umso langsamer, je reifer der Kompost ist, da die Huminstoffe sehr widerstandsfähig gegen mikrobielle Zersetzung sind.

TON-HUMUS-KOMPLEXE Für die stabile Krümelstruktur sind die sogenannten Ton-Humus-Komplexe verantwortlich. Sie entstehen durch Verkleben mineralischer Teilchen mit organischen Stoffen und sind besonders reich an Nährstoffen und Spurenelementen. Ihre Schleimstoffe sind Nährboden für die Mikroorganismen. Die gebundenen Nährstoffe werden nicht so rasch ausgewaschen und sind für die Pflanzen nach Bedarf verfügbar.

BODENLEBEWESEN Die Durchmischung der Substanzen erfolgt durch die Bodenlebewesen, dabei spielen die Regenwürmer eine große Rolle: In ihrem Darm kommt es zu einer starken Vermehrung der Mikroorganismen. Die mikrobiellen Schleimstoffe stabilisieren auch größere Krümel und Hohlräume. Reifer Kompost findet überall im Garten Verwendung, wo eine Bodenverbesserung und Düngung gewünscht wird. Er eignet sich auch zur Herstellung von Anzuchterden und Substraten für die Blumenkisten (siehe S. 61).

Der Reifetest

Wer genau wissen will, ob der Kompost gut ausgereift ist, kann den Kressetest durchführen: Etwas Kompost wird in einer flachen Schale verteilt, darauf werden die Kressesamen ausgesät. Die Schale wird abgedeckt und feucht gehalten – nach drei bis vier Tagen sollten die Samen größtenteils gekeimt sein. Wenn nicht, ist der Kompost deutlich unreif. Nochmals einige Tage später sollten alle Keime gleichmäßig grün gewachsen sein. Sind sie teilweise gelb oder braun und ungleich gewachsen, ist der Kompost noch inhomogen und nicht voll ausgereift. Mit der Düngung empfindlicher Kulturen sollte man noch zuwarten.

Wann ist der Kompost fertig?

Am raschesten erfolgt die Kompostierung im warmen Frühjahr und im Spätsommer, wenn die klimatischen Voraussetzungen am günstigsten sind. Dann ist der Kompost bereits nach ca. drei bis vier Monaten fertig. In den kalten Wintermonaten finden kaum Verrottungsprozesse statt und der Komposthaufen ruht. Wird der Kompost im Herbst aufgesetzt, braucht er bis zum nächsten Sommer, bis er fertig ist. Im Hochsommer werden die Aktivitäten im Kompost durch große Hitze und Trockenheit verlangsamt. Richtig ausgereift ist der Kompost nach einem weiteren halben bis einem Jahr. Schwer verrottbare Materialien wie Laub brauchen dafür eineinhalb bis drei Jahre. Je besser die Voraussetzungen für die Kompostorganismen sind, desto mehr können sie leisten. Die Umsatzdauer schwankt daher von Fall zu Fall.

Struktur und Nährstoffgehalt

Bei der Kompostierung werden die Nährstoffe nicht nur freigesetzt, sie werden vor allem in neu aufgebauten Strukturen gespeichert und bleiben so dem Boden lange erhalten.

HUMINSTOFFE Aus Zwischenprodukten der Abbauvorgänge entstehen neue, stabile Verbindungen, die Huminstoffe. Sie färben den Kompost typisch dunkelbraun und schaffen ein lockeres Bodengefüge mit einer hohen Luft- und Wasseraufnahmefähigkeit. Huminstoffe lagern sich unter Aufnahme von weiteren Elementen und Molekülen zu Makromolekülen zusammen und bilden vielfältige Nährstoffspeicher. Durch ihre Fähigkeit, Stoffe an sich zu binden und bei Bedarf abzugeben, bilden sie einen wichtigen Nährstoff-Puffer und vermindern die Auswaschung. Außerdem binden sie schwer lösliche Metalle in organische Moleküle ein und bringen diese in eine wasserlösliche Form, die die Pflanzen leichter aufnehmen können. Weiters können Huminstoffe andere Nährstoffe wie Stickstoff fest binden und erst durch Abbauprozesse freigeben. Sie stellen somit einen wesentlichen Stickstoffspeicher dar. Huminstoffe haben auch strukturbildende Wirkung. Die Bodentiere vermischen die organischen mit mineralischen Teilchen und bilden Ton-Humus-Komplexe, die besonders stabil sind. Durch die Bindung an Tonminerale können die organischen Stoffe schwerer von Mikroorganismen abgebaut werden. Die Ton-Humus-Komplexe bauen die Krümelstruktur auf, die ein hohes Luft- und Wasserhaltevermögen besitzt.

LANGZEITDÜNGER Kompost ist ein Langzeitdünger: Die enthaltenen Nährstoffe stehen nicht alle gleich zur Verfügung, sondern werden langsam aufgeschlossen und pflanzenverfügbar gemacht. Die Nähr- und Wirkstoffe fördern zuallererst das Bodenleben, das die organischen Stoffe weiter umwandelt und die Bodenstruktur verbessert.

DER NÄHRSTOFFGEHALT im Kompost hängt von den Rohstoffen ab, aus denen er entstanden ist. Bei gemischten Rohstoffen aus eigenem Haus und Garten versorgt er den Garten ausgewogen. Außerdem enthält er Vitamine, Wuchsstoffe und Antibiotika als Zwischenprodukte der mikrobiellen Tätigkeit und lebendige Strukturen, die den Boden »beleben«.

Reichhaltige Mischung

Je bunter die Mischung aus geeigneten Küchen- und Gartenabfällen ist, desto reichhaltiger ist das Nahrungsangebot für die Bodenlebewesen und desto ausgewogener ist die Zusammensetzung des fertigen Kompostes. Dies betrifft sowohl die Struktur der Materialien, als auch ihre Inhaltsstoffe.

TIPP **Kompost ist Vollwertnahrung für die Pflanzen, da er außer den Hauptnährstoffen auch Spurenelemente und Wirkstoffe enthält. Dies sollte man auch für das eigene Gemüsebeet bedenken. Vollwertig ernährte Pflanzen sind kräftiger, schmecken gehaltvoller und haben mehr Inhaltsstoffe als einseitig gedüngtes Gemüse.**

Nahrung für Boden und Pflanzen

Der Gartenboden

In freier Natur laufen die Vorgänge im Boden, die bei der Kompostierung mehr oder weniger nacheinander stattfinden, nebeneinander beziehungsweise übereinander ab. Pflanzliche und tierische Reste liefern Nahrung für die Bodenorganismen und werden mit deren Hilfe zu schwer zersetzbaren Huminstoffen umgebildet, die eine wichtige Rolle für die Nährstoffspeicherung spielen und an der Krümelstruktur des Bodens beteiligt sind.

HUMUS Die Gesamtheit der abgestorbenen organischen Stoffe in den verschiedenen Zersetzungs- und Aufbaustufen im Boden bezeichnet man als Humus. Der reife Humusanteil, der die Nährstoffe langfristig speichert, bildet den Dauerhumus. Das Bodenleben spielt sich hauptsächlich in der obersten, 20 bis 30 cm dicken Schicht des Bodens ab. Hier werden die organischen und die mineralischen Bestandteile miteinander vermengt und den Pflanzen als Nährstoffe bereitgestellt.

DIE HUMUSSCHICHT wird im Boden laufend abgebaut und durch frische Auflagen von Heu, Laub und anderen organischen Resten nachgebildet. Zuoberst liegen die noch

1 ERSTZERSETZUNG: Bakterien und Pilze schließen das abgestorbene Material auf

2 AB- UND UMBAU, AUFBAU VON HUMUS: Bodentiere zerkleinern und verdauen die organischen Reste weiter

3 NÄHRSTOFFAUSTAUSCH: Mikroorganismen arbeiten mit den Pflanzenwurzeln zusammen

4 DURCHMISCHUNG DER BODENSCHICHTEN: Regenwürmer ziehen Pflanzenreste tief in ihre Gänge und bringen mineralische Bestandteile nach oben

unverrotteten pflanzlichen und tierischen Reste auf. Wenn sie in größeren Mengen anfallen, bilden sie eine schützende Decke für den Boden und seine Bewohner. Die darunter liegende Schicht ist bereits angerottet. Die weichen, leicht abbaubaren Anteile sind zerlegt, die härteren Gerüstsubstanzen wie Blattadern und verholzte Anteile sind erst in tieferen Lagen nicht mehr erkennbar. Nach unten nimmt der Zersetzungsgrad mit unterschiedlichem Besatz durch Mikroorganismen und Bodentiere zu. Würmer und andere Bodentiere sorgen für die Durchmischung mit dem mineralischen Boden.

TIPP DÜNGUNG UND HUMUSBILDUNG
Jede Düngung greift in die Humusbildung des Bodens ein, denn sie nährt nicht nur die Pflanzen, sie beeinflusst auch die Art und Aktivität der Bodenorganismen.

WIRKUNG VON KOMPOST
Kompost mehrt den Humusanteil im Boden direkt und schafft ein lockeres Bodengefüge. Damit fördert er das Bodenleben und begünstigt den Luft- und Wassergehalt des Bodens. Es erfolgt eine langsame und stetige Versorgung der Pflanzen. Die Bodenorganismen bereiten die Nährstoffe für die Pflanzen durch ihre eigene Nutzung auf. Je höher die biologische Aktivität im Boden ist, desto größer ist auch die Nährstoffversorgung. Je mehr organische Substanz im Boden vorhanden ist und von Zersetzer-Organismen abgearbeitet wird, desto weniger können sich Parasiten ausbreiten, die die lebende organische Substanz schwächen. In einem gut durchlüfteten Boden vermehren sich die aeroben Mikroorganismen, die den Boden gesund halten. Ihre Stoffwechselprodukte wirken antibiotisch und töten schädliche Keime ab, was wiederum den höheren Pflanzen zugute kommt. Durch das Vorherrschen der gewünschten Mikroorganismen wird die Vermehrung von schädlichen unterdrückt.

Nährstoffaufnahme der Pflanzen

Die Fruchtbarkeit eines Bodens ergibt sich aus der Zusammenarbeit von Boden- und Pflanzenleben. Der Boden nährt die Pflanzen und gibt ihnen Halt. Die Pflanze beschattet den Boden und schützt ihn vor Erosion. Die Nährstoffaufnahme der Pflanzen erfolgt über den Kontakt ihrer Wurzeln mit dem Substrat und den Bodenorganismen. Die Pflanzen nehmen nicht nur elementare Stoffe, sondern auch ganze organische Moleküle auf. Erfolgt die Nährstoffzufuhr in gelöster Form, nehmen sie auf, was sie aktuell brauchen oder auch zu viel davon – der Rest geht durch Auswaschung verloren.

NACHTEIL VON KUNSTDÜNGER
Die gelösten Nährsalze von Kunstdüngern erhöhen die Salzkonzentration im Boden, die Pflanzen nehmen die Nährstoffe dadurch leichter auf und wachsen sehr schnell. Sie verlieren dabei aber an Widerstandskraft und werden an die leichte Nährstoffaufnahme gewöhnt. Das Bodenleben, das eng mit den Wurzeln zusammen arbeitet, wird durch die Düngegaben gestört. Wenn die Nährlösung mit dem Regen weggespült wird, fehlen die Nährstoffe – die Pflanzen leiden somit durch zu viel oder zu wenig Nährstoffe.

VORTEIL VON KOMPOST Im Kompost oder Humus liegen die Nährstoffe gebunden vor und die Pflanzen müssen die Nährstoffe erst erschließen. Durch Abbau- und Austauschvorgänge, an denen Bakterien, Pilze und komplexe Bodenstrukturen beteiligt sind, erfolgt eine stetige Versorgung und die Pflanzen werden nicht übersättigt. Was nicht verwertet wird, bleibt erhalten und steht später zur Verfügung.

TIPP Düngen ist nur dann sinnvoll, wenn die Pflanzen die Nährstoffe in der Menge bekommen, die sie gerade brauchen – ein Überangebot schadet den Pflanzen und der Umwelt.

Mit Kompost erhalten die Pflanzen eine ausgewogene Nährstoffzufuhr.

Hauptnährstoffe

Sauerstoff, Wasserstoff und Kohlenstoff entnehmen die Pflanzen dem Wasser und der Luft. Mit der Energie aus dem Sonnenlicht bilden sie aus Wasser und Kohlendioxid körpereigene, organische Verbindungen. Stickstoff, Kalium, Kalzium und Magnesium beziehen die Pflanzen aus dem Boden. Wenn es an einem dieser Nährstoffe mangelt, wird er zum – deutlich messbaren – Begrenzungsfaktor für ihr Wachstum.

STICKSTOFF (N) Stickstoff ist der wichtigste Bestandteil von Eiweiß. Die Pflanzen brauchen ihn zum Wachsen oder zur Bildung von Chlorophyll, dem grünen Farbstoff der Pflanzen. Bei Stickstoff-Mangel können die Pflanzen nicht richtig gedeihen, ihre Blätter sind rot oder ungesund hell. Bei Stickstoff-Überschuss wachsen die Pflanzen zu schnell – sie wachsen aus. Ihre Blätter sind dunkelgrün und stark wasserhaltig, die Zellwände dünn und empfindlich. Die überdüngten Pflanzen sind krankheitsanfällig und haben keine Widerstandskraft gegen Schädlingsbefall. Stickstoff ist leicht wasserlöslich und sehr beweglich. Er wird nur in geringer Menge im Boden gebunden und geht rasch verloren, wenn er nicht von Pflanzen aufgenommen wird. Im reifen Kompost ist Stickstoff in Huminstoffen eingebunden und wird durch Abbau kontinuierlich freigesetzt, er ist ein wesentlicher Stickstoff-Lieferant. Auch Hornmehl und Hornspäne sind langfristig wirksame Stickstoff-Dünger. Am besten gibt man sie dem Kompost direkt zu.

PHOSPHOR (P) Phosphor ist im Eiweiß und in den Wirkstoffen der Pflanzen enthalten. Er ist wichtig für die Wurzelbildung, Blühwilligkeit, Fruchtbarkeit und Samenbildung. Bei Phosphor- und damit Eiweißmangel werden die Pflanzen frostempfindlicher und weniger lagerfähig. Die Blätter werden braun oder rotbraun. Phosphor-Überschuss im Boden kann zu Mangelerscheinungen bei anderen Nährstoffen (zum Beispiel Eisen, Kupfer, Zink) führen. Die Pflanzen werden häufig chlorotisch, es fehlt ihnen an Blattgrün. Im Kompost wird durch Abbau von organischem Material und Zerlegung von Eiweißen ausreichend Phosphor freigesetzt. Er ist auch in getrocknetem Hühnermist und in Thomasmehl enthalten. Phosphor ist schwer beweglich und bleibt im Boden lange erhalten.

KALIUM (K) Kalium wird für die Kohlehydratbildung und im Wasserhaushalt der Pflanzen gebraucht. Kalium festigt die Zellwände und macht die Pflanzen krankheits- und kälteresistent und lagerfähig. Bei Kalium-Mangel haben die Pflanzen ein schwaches Gewebe und fallen leicht um. Kalium-Überschuss kann zu Calzium-Mangelerscheinungen führen, denn Kalium verdrängt Kalzium bei der Nährstoffaufnahme. Es blockiert auch Magnesium. Kalium wird im Humus schwach festgehalten. Es ist in tierischen Jauchen, Holzasche, Granitstaub, in Laubkompost, Farnkraut und Beinwell reichlich vorhanden.

KALK, CALZIUM (CA) Kalk festigt die Zellwände und wird bei der Zellteilung benötigt. Er ist daher für die Bildung der Trieb- und Wurzelspitzen wichtig. Kalk beeinflusst aber auch den Boden selbst. Er reguliert den pH-Wert – je mehr Kalk im Boden ist, desto alkalischer ist er – und macht Nährstoffe verfügbar. Er fördert Umwandlungsprozesse im Boden und neutralisiert Säuren, die bei der Zersetzung organischer Stoffe entstehen. Wegen seiner regulierenden Wirkung wird er dem Kompost auch direkt zugegeben, am besten in Form von Algenkalk. In sehr kalkhaltigen Böden mit einem pH-Wert über 6,5 kann es zu einem Mangel an Spurenelementen kommen, vor allem von Mangan. Bei humusreichen, verdichteten Böden kann den Pflanzen bei zuviel Kalk Eisen fehlen.

MAGNESIUM (MG) Magnesium ist der zentrale Baustein des Chlorophylls und für die Photosynthese von großer Bedeutung. Magnesium-Mangel zeigt sich in Aufhellungen zwischen den Blattadern. Magnesium-Überschuss behindert die Aufnahme von Calzium. Magnesium ist in Holzasche, in Algenprodukten und in bestimmten Gesteinsmehlen enthalten.

SCHWEFEL (S) Schwefel ist Bestandteil von Aminosäuren und ist in Zellproteinen enthalten. Schwefel ist im allgemeinen ausreichend vorhanden.

SPURENELEMENTE Eisen, Mangan, Bor, Zink, Kupfer, Molybdän, Natrium, Silizium, Chlor, Aluminium und Kobalt sind für die Pflanzen in geringen Mengen lebensnotwendig.

WEITERE WIRKSTOFFE Die Pflanzen und alle Lebewesen benötigen neben den Spurenelementen noch weitere Wirkstoffe wie Vitamine und Hormone in sehr geringer Menge, deren Wirkungen noch gar nicht alle bekannt sind und daher auch nicht beachtet werden. Ein gesunder Kompost, vor allem, wenn das Rohmaterial dafür aus dem eigenen Garten kommt, liefert diese Stoffe mit. Dies ist ein Vorteil gegenüber fremd eingebrachten und vielleicht künstlich angereicherten Düngern und Erden. Auch wenn sie einer genauen Analyse der bekannten Nährstoffe unterzogen wurden, über das Vorhandensein weiterer Wirkstoffe werden keine Angaben zu finden sein.

Die Pflanze entnimmt dem Kompost nur das, was sie wirklich braucht; so wächst sie gesund heran.

Bodenarten

Unter der Erde findet das Leben in den Hohlräumen statt, die mit Wasser oder Luft gefüllt sein können. Die Beschaffenheit dieser Hohlräume ergibt sich aus der Zusammensetzung der organischen und mineralischen Bodenanteile und ist bestimmend für die Lebensverhältnisse. Die Bodenarten werden auf Grund ihrer Bearbeitbarkeit in leichte, mittlere und schwere Böden unterteilt. Diese ergibt sich aus der Korngröße der mineralischen Teilchen, sie werden daher auch als sandige, lehmige und tonige Böden bezeichnet. Dazwischen sind alle Übergänge möglich, wie lehmiger Sand oder sandiger Lehm. Die Bodenart allein sagt jedoch noch nichts über seine Fruchtbarkeit aus, denn diese hängt stark vom jeweiligen Humusgehalt ab.

Humus, Sand, Lehm

LEICHTER BODEN Ein leichter Boden besteht aus Sand mit einer Korngröße von 0,063 mm bis 2 mm und fühlt sich rau an. Er lässt sich nicht formen und rieselt aus der Hand. Sand hat eine hohe Wasserdurchlässigkeit, ist gut durchlüftet und trocknet rasch aus. Die Bindekraft für Nährstoffe ist sehr gering. Sandboden wird von den Pflanzen leicht durchwurzelt und lässt sich leicht bearbeiten. Durch reichliche Gaben von Kompost wird die Speicherfähigkeit und das Wasserhaltevermögen des Bodens verbessert. Die Erde soll möglichst wenig umgegraben werden, um Auswaschungsprozesse nicht zu beschleunigen und das Bodenleben nicht zu stören.

MITTLERER BODEN Der mittlere oder lehmige Boden enthält sowohl Sand- als auch Schluff- und Tonteilchen. Schluff hat eine mittlere Korngröße von 0,063 mm bis 0,002 mm. Lehm lässt sich in feuchtem Zustand rollen, bleibt aber rissig. Je höher sein Sandanteil ist, desto rauer fühlt er sich an. Lehm hält Wasser besser und erwärmt sich daher schwerer. Er ist kälter und läßt sich nicht so leicht bearbeiten. Er bindet Nährstoffe und ist ein guter Gartenboden. Hier bringt der Kompost die notwendigen Nährstoffe in den Boden ein und fördert das Bodenleben. Andererseits ist Lehm ein sehr guter Kompostzusatz, da er die mineralischen Anteile zur Strukturbildung liefert.

Sandiger Boden

Lehmiger Boden

SCHWERER BODEN Der schwere Boden besteht zu einem hohen Anteil aus Ton mit einer Korngröße bis zu 0,002 mm (das ist hundertmal kleiner als ein eher kleines Sandkorn von 0,2 mm Größe – dementsprechend klein sind die Hohlräume für Wasser, Luft und Bodenleben). Feuchter Ton ist gut formbar, sehr glatt und glänzend; er haftet stark an den Fingern. Ton bindet Wasser sehr stark und gibt es schwer an die Pflanzen ab. Im Boden kommt es zu Staunässe und damit zu Sauerstoffmangel. Der Tonboden braucht im Frühjahr sehr lange zur Erwärmung. Schwere oder fette Böden werden mit Sand abgemagert und durchlässiger gemacht. Die Einarbeitung erfolgt am besten zusammen mit Kompost. Dieser begünstigt die Bildung der krümeligen Struktur und verbessert damit den Wasser- und Lufthaushalt. Der Boden wird gelockert und durchlüftet.

Frauenmantel

Bodenausgeglichenheit durch Kompost

Kompost hilft allen Böden, die Humusschicht aufzubauen und zu erhalten. Er gleicht zu leichte und zu schwere Böden aus. Jede Erde, in der Pflanzen wachsen, lässt sich mit Kompost in einen guten Gartenboden verwandeln.

Bodenbedeckung

Die lebende Pflanzendecke einerseits und die Auflage der abgestorbenen Reste andererseits festigen und schützen den Boden. Ein nackter Boden ist Sonne, Wind und starken Regengüssen voll ausgesetzt. Die Oberfläche verkrustet und muss mechanisch gelockert werden. Sie trocknet aus und muss öfters gegossen werden, starke Regengüsse schwemmen die Erde weg.

NOTWENDIGER SCHUTZ Die Bodentiere halten sich gerne bis an die Oberfläche hinauf auf, wenn sie dort lebensfreundliche Bedingungen vorfinden. Sie nützen jeden Stein und jedes Brett, unter dem es viel länger feucht und warm ist als auf dem Boden. Wenn jegliche Bodenbedeckung fehlt, müssen sie sich in tiefere Schichten zurückziehen. Weniger Leben bedeutet weniger Fruchtbarkeit, es werden weniger Nährstoffe bereit gestellt und es wird weniger Humus gebildet. Ein Gartenboden soll nie unbedeckt sein. Fehlt der Bewuchs, wird er mit Pflanzenresten bedeckt oder rasch begrünt, um ihn vor Witterungseinflüssen zu schützen und ihn lebendig zu halten.

Stauden und Gräser haben auch nach der Blüte ihren Reiz.

Aufgeschoben und gut aufgehoben

Wenn die kalte Jahreszeit bevorsteht, fällt viel abgestorbenes Material an – in der freien Natur wie im Garten. Es dient vielen Tieren als Nahrung und Quartier über den Winter und soll für diese Zeit möglichst an seinem Ort bleiben.

- Das **Laub,** das im Herbst von Bäumen und Sträuchern fällt, hat am Boden eine neue Aufgabe. Es bildet eine schützende Decke, unter der Wärme und Feuchtigkeit gehalten werden. Bodenlebewesen können sich in der kalten Jahreszeit länger in den obersten Bodenschichten aufhalten und sich davon ernähren. Das gerbstoffreiche Laub zersetzt sich nicht so schnell und bleibt über den ganzen Winter liegen. Dies kommt den unterirdischen Teilen der Pflanzen zugute, die einerseits direkt geschützt werden, andererseits durch die höhere Bodenaktivität besser versorgt werden. Reste von Blütenpracht und üppigem Wachstum im Garten müssen nicht gleich geschnitten und entfernt werden. Vielleicht holen sich die Pflanzen selbst noch Nährstoffe daraus zurück.

- **Vertrocknete Samenstände** von Stauden oder Halme von hohen Gräsern helfen nützlichen Insekten beim Überwintern und bieten Vögeln und anderen Tieren Nahrung, wenn sonst nicht viel zu finden ist. Abgesehen davon sehen sie mit Reif überzogen besonders malerisch aus und können im nächsten Frühjahr genauso gut dem Kompost zugeführt werden.

- **Früchte und Samen** heimischer Pflanzen nähren viele Mitbewohner im Garten. Die Natur dankt es mit einem intakten Ökosystem, in dem sich Krankheiten und Schädlinge weniger ausbreiten als im ausgeräumten Garten.

Kompostieren in der Praxis

Was kompostiert werden darf und welches Material besser nicht auf den Kompost kommt, ist nicht so schwer zu entscheiden. Im Prinzip darf alles, was im Garten anfällt, zum Kompost, solange es zerkleinert, angetrocknet oder noch ohne Samen ist. Aus der Küche dürfen vor allem unbehandelte Gemüse- und Obstabfälle darauf, danach werden sie mit etwas Erde oder unreifem Kompost abgedeckt.

Kompost-materialien

WICHTIGE GRUNDREGELN Das Wichtigste ist, wie das Material aufgesetzt wird. Werden die Grundregeln hierfür missachtet, können vielfältige Probleme entstehen, die viel Ärger und Arbeit (erneutes Umsetzen) verursachen. Um größere Nährstoffverluste und ein Austrocknen sowie Vernässung zu vermeiden, ist ein Abdecken des fertig aufgesetzten Kompostes ratsam.

Ob ein Umsetzen unbedingt nötig ist, ob man Zusätze braucht und welche es gibt, wird hier ebenso behandelt wie die Herstellung von Sonderkomposten (was tun mit viel Laub...).

VIELFÄLTIGES MATERIAL Je vielfältiger das Ausgangsmaterial, desto schneller verläuft die Rotte. Ausschlaggebend für einen guten Kompost ist einmal mehr das richtige Kohlenstoff-Stickstoff-Verhältnis. Die richtige Mischung aus feinerem und gröberem Material verschiedenster Ausgangsstoffe sorgt für ein abwechslungsreiches Nährstoffangebot für die Mikroorganismen.

TIPP **Die sorgfältige Auswahl und Mischung verwertbarer Abfälle aus Küche und Garten bilden die Voraussetzung für eine hygienisch unbedenkliche, schadstoffarme Komposterde.**

Die kritische Beurteilung des Kompostmaterials fällt in der Literatur ziemlich verschieden aus, dennoch können allgemeine Regeln und Empfehlungen aufgestellt werden: Eine Differenzierung in **geeignete, eingeschränkt geeignete und ungeeignete Stoffe** erscheint sinnvoll.

Geeignete Materialien

ORGANISCHE KÜCHEN- UND HAUSHALTSABFÄLLE

- **Gemüseputzreste, Kartoffelschalen, Obstreste** (Schalen von Südfrüchten wie Orangen, Bananen etc. nur wenn ungespritzt und in kleineren Mengen: s.u.)
- **Eierschalen:** sollten zerkleinert werden, um schneller zu verrotten; wegen des hohen Kalkgehaltes (über 90%) gut geeignet, aber wegen Salmonellen von einigen Autoren als nicht geeignet zur Eigenkompostierung angegeben. Bei Einbringung in die Kompostmitte und Abdeckung kann das Risiko einer Salmonellenverschleppung aber äußerst gering gehalten werden.
- **Haare, Nagelschnitt**
- **Kaffeesatz:** Leckerbissen für Kompostwürmer, aber sehr sauer: bei größeren Mengen: mit Algenkalk überstreuen
- **Teebeutel:** Leckerbissen für Kompostwürmer
- **Asche:** nur Holzasche in geringen Mengen, keine Stein- und Braunkohleasche, da schwermetallhaltig!
- **Papier und Pappe:** nur Unbedrucktes, in kleinen Mengen. Keinesfalls Buntdruck oder Hochglanzpapier!

ORGANISCHE GARTENABFÄLLE

- **Rasenschnitt:** Frisch verklebt er leicht und fault dann rasch – max. 2 cm dicke Schicht, besser ist die Mischung bzw. Schichtung mit gehäckseltem Strauchschnitt (oder Stroh) und mit dünner Erdschicht abdecken, oder zuerst abtrocknen lassen und dann in dünner Schicht aufbringen.

  Auch als Mulchmaterial hervorragend geeignet (Abdecken von Beeten, unter Sträuchern und Bäumen!).

Organische Küchenabfälle

Grasschnitt ist auch zum Mulchen im Gemüsebeet geeignet.

- **Laub:** alle Laubsorten kompostierbar (mit Ausnahme von Straßenbäumen auf stark befahrenen Straßen – hoher Schwermetallgehalt!). Eichen- und Nusslaub brauchen zwar länger zum Verrotten, enthalten aber auch wertvolle Mineralstoffe.

  Bei großen Laubmengen entweder vorher mit dem Rasenmäher zerkleinern und mit anderem Material (z.B. Rasenschnitt) mischen oder reinen Laubkompost (siehe S. 60) für Moorbeetpflanzen anlegen, oder Laubhaufen für Nützlinge, wie Igel, in einer Gartenecke liegen lassen.
- **Baumnadeln und Moos:** zersetzen sich langsam, gute Durchmischung mit anderem Material wichtig; gute Strukturbildner.
- **»Unkräuter«/ Wildkräuter:** Können natürlich kompostiert werden. Samentragende »Unkräuter« gibt man immer in die Mitte des Komposthaufens, damit die Samen durch die hohen Temperaturen und die Tätigkeit der Mikroorganismen abgetötet werden. Wurzelausläuferbildende Beikräuter wie Giersch, Winde und Quecke sind äußerst zäh und sollten lieber nicht kompostiert werden.

TIPP **Samen und Wurzeln verlieren ihre Vitalität, wenn man sie vor dem Kompostieren 14 Tage unter Wasser verjauchen lässt oder 1 Woche in der Sonne trocknen lässt.**

Mit Einschränkungen kompostierbar

- **Kranke Pflanzen:** in die Mitte des Komposthaufens geben (Temperatur ist dort am höchsten!).
  Die meisten Krankheitskeime (Pilze, Bakterien) werden in einem ordentlich geführten Komposthaufen in der Heißrottephase, sowie durch die mikrobielle Tätigkeit der Bodenorganismen (antibiotische Stoffwechselprodukte) abgetötet.
  Wenn über einen Zeitraum von ca. 4 Wochen Temperaturen von über 45 °C erreicht werden, überleben nur wenige Krankheitserreger. Zu diesen zählen Erreger von speziellen Viruserkrankungen, Kohlhernie, Monilia und Feuerbrand. Von diesen Krankheiten befallene Pflanzenteile dürfen nicht kompostiert werden.
  BIRNENGITTERROST: Sowohl befallene Birnbaumblätter als auch gerodete Wacholderbüsche oder -bäume, die die eigentliche Wirtspflanze darstellen, können kompostiert werden (Wacholder häckseln und in Kompostmitte geben).
  Der Gitterrostpilz kann auf gehäckseltem Material nicht überleben (lt. Merkblatt der Tiroler Landeslandwirtschaftskammer, Abt. Obst- und Gartenbau).

Gemulchte Beerensträucher

- **Äste/Schnittgut:** Wenn sie nicht dicker als der kleine Finger sind, können sie in zerkleinerter Form in geringer Auflage kompostiert werden und sind wichtig für die Durchlüftung des Komposts.

  Zweige immergrüner Nadelgehölze und Laub eignen sich als ideale Abdeckung des offenen Gartenbodens im Winter!

  Größere Mengen von Strauch- oder Baumschnittgut werden am besten gehäckselt. In vielen Gemeinden gibt es Häckseldienste, auch werden schon viele leistungsstarke Häcksler für den Einzelhaushalt (evtl. gemeinsam mit Nachbarn anschaffen!) angeboten.

  Das Häckselgut bietet ein gutes Strukturmaterial im Komposthaufen (große Mengen extra lagern, zum Dazumischen) und eignet sich auch hervorragend als Mulchmaterial unter Sträuchern und zur Bodenabdeckung (Winterschutz).
- **Spezialfall Thujenschnitt:** Nur in kleinen Mengen kompostierbar. Gehalt an Thujon (giftig) bewirkt eine sehr langsame Zersetzung. Zerkleinern und mit Gesteinsmehl vermengt einarbeiten, oder zu kurzer Vorrotte extra aufsetzen und erst nach einigen Wochen dazumischen. Man kann das zerkleinerte Material auch wieder unter der Thujenhecke als Mulch aufbreiten. Noch besser ist es, keine Thujenhecken, sondern Hecken aus heimischen Blütensträuchern anzulegen!
- **Zugekaufte Schnittblumen:** Sind oft mit Pestiziden behandelt, daher unbedingt in die Mitte des Kompostes geben und gut mit anderem Material durchmischen. Auch hier kann man beim Kauf auf zumindest fair gehandelte (Fair Trade) Ware achten.

TIPP **Achten Sie schon beim Einkauf auf ungespritzte Lebensmittel und Schnittblumen!**

- **Sägemehl:** Nur in sehr dünnen Schichten, mit stickstoffreichem, frischen Material mischen und feucht halten! Erdbeeren, Himbeeren und Rhododendren gedeihen mit Sägemehl oder Stroh als Mulch besser.
- **Mist:** Rindermist gut durchmischen mit Strukturmaterial, locker aufsetzen.

  Pferde- und Schafmist neigen zu starker Erhitzung, daher mit mind. 10 % Erde und pflanzlichen Abfällen mischen!

  Hühnermist enthält sehr konzentrierte Nährstoffe (Stickstoff, Phosphor), nur in sorgfältiger Mischung mit anderen Gartenabfällen kompostierbar.

Ungeeignete Materialien

- **Abfälle, die Kunststoff, Glas oder Metall enthalten**
- **Steine**
- **Knochen, Leder, unzerkleinertes Holz**
- **Gekochte Speisereste:** ziehen Ratten und Ungeziefer an
- **Speiseöl** (zu Sammelstellen bringen)
- **Zigarettenreste**
- **Buntdruck und Hochglanzpapier**
- **Inhalt des Staubsaugerbeutels**
- **Windeln mit Plastikfolie**
- **Kohle- und Brikettasche, Grillkohlereste**
- **Kleintierstreu:** Kot von reinen Fleischfressern wie Katzen enthält oft Krankheitserreger (Parasiten etc.), deren Dauerformen leider auch höhere Temperaturen überleben. Daher ist es besser, auf dessen Kompostierung im eigenen Garten zu verzichten, in die Biotonne darf solches Material schon. Man sollte allerdings darauf achten, dass nur Streu, auf dessen Kompostierbarkeit auf der Verpackung ausdrücklich hingewiesen wird, verwendet wird.
- **Fäkalien**

Flächen-kompostierung, Kompostmieten und Kompost-behälter

Zur Wahl des besten Kompostplatzes sei auf das Kapitel »Der richtige Platz« (siehe S. 14ff.) hingewiesen. Wer genügend Platz im Garten hat, kann offene Mieten anlegen, in mittelgroßen Gärten hat sich die Anlage von zwei bis drei Kompostbehältern (aus Holz, Stein, Draht oder Metall etc.) bewährt. Im ersten Behälter wird frisch gesammelt und aufgesetzt (mit danebenliegendem Häckselgut, Laub, Lehm zum Abmischen je nach Bedarf). Sobald dieser voll ist, wird er in den zweiten umgesetzt, wo er zur Hauptrotte lagert, bis er zum Reifkompost wird. Manchmal braucht man einen zweiten Behälter zum Nachreifen oder zur Aufbewahrung der »Zuschlagstoffe« (Häckselgut, Astmaterial) oder für Spezialkomposte (Laubkompost etc. siehe S. 60).

Thermokomposter sind für kleine Gärten ideal.

TIPPS FÜR KLEINE GÄRTEN

Für kleine Gärten sind sogenannte Thermokomposter (mehr oder weniger geschlossene Kunststoffbehälter) am praktikabelsten. In diesen erfolgt die Umwandlung zum Reifkompost meist am schnellsten und auch ohne Umsetzen.

Das Wichtigste ist der freie Anschluss an die Erde und eine gute Durchlüftung von allen Seiten (also nicht auf betonierte oder gepflasterte Plätze stellen, unten offene Behälter oder zumindest solche mit vielen Löchern am Boden verwenden).

Flächenkompostierung – Mulchen – Gründüngung

Unter Flächenkompostierung versteht man das Ausbringen von angerottetem, organischen Material auf der gesamten Fläche (bei abgeernteten Beeten), unter Bäumen und Sträuchern sowie auf Wegen und Beeten zwischen den Kulturpflanzen (Stauden, Gemüsebeet, etc.). Meist wird es oberflächlich leicht eingearbeitet. Die Verbesserung und Erhaltung der Bodenfruchtbarkeit steht im Vordergrund.

EINE MULCHSCHICHT schützt die Bodenoberfläche vor Austrocknung, starkem Regen, Abschwemmungen und hohen Temperaturen, verringert die Verdunstung und unterdrückt unerwünschte Beikräuter/Unkräuter.

KOMBINATION Manchmal werden beide Formen kombiniert, indem über der Flächenkompostierung noch eine dünne Mulchschicht aus angetrocknetem Gras oder feinem Häckselgut als schützende Hülle (besseres Kleinklima!) verteilt wird.

SCHUTZ FÜR DEN BODEN Durch die Bodenbedeckung mit unterschiedlichen organischen Materialien wie z.B. Rasenschnitt, Rindenmulch, Häckselgut, Schnittgut von Wiesenmahd oder Herbstlaub, wird der Boden vor der Austrocknung durch die Sonneneinstrahlung geschützt. Somit wird die Wasserverdunstung der Bodenoberfläche verringert, was sich äußerst günstig auf Pflanzenwachstum und Bodenleben auswirkt. Selbst in Trockenperioden liegen im Vergleich zu konventionell bewirtschafteten Gartenflächen wesentlich höhere Bodenfeuchtigkeitswerte in gemulchten Beeten vor. Auch wird das Wachstum unerwünschter Wildkräuter unterdrückt.

Als Gärtner/in kann man sich einiges an Arbeit ersparen, wenn die Blätter von abgeerntetem Gemüse, Schnittblumen, etc. sowie getrockneter Rasenschnitt und klein zerteiltes Schnittgut gleich auf den Beeten als dünne Bodenauflage verteilt wird. Das Material darf auf keinen Fall untergegraben, höchstens leicht in die oberste Bodenschicht eingearbeitet werden.

Bei ausschließlich kohlenstoffhaltigem Mulchmaterial (Rindenmulch) wird der darunter liegenden Bodenoberfläche Stickstoff entzogen.

Mulchen mit Stroh

Vorteile des Mulchens für die Gartenerde und Pflanzen

- Besseres Kleinklima: Temperaturausgleich, Schutz vor direkter Bestrahlung, Humusschicht wird vermehrt, da ständige Nahrungsnachlieferung für Mikroorganismen
- Bodenschutz: vor Verschlämmung, Verhärtung und Zerstörung der Humusschicht durch Starkregen und Wind
- Gleichmäßige Wachstumsbedingungen für Kulturpflanzen

Vorteile des Mulchens für die Gärtnerin/den Gärtner

- Weniger Hackarbeit, Umgraben, da Boden locker bleibt
- Weniger Jäten, da Unkraut nicht aufkommen kann
- Weniger gießen
- Weniger düngen
- Leichter und sauberer ernten

Wichtig ist, dass Grasschnitt oder Gemüseabfall nur zerkleinert und in dünner Auflage (wenige Zentimeter) ausgebreitet werden sollen, sonst kommt es zu Fäulnisbildung. Nur leichtes, trockenes Material wie Stroh darf etwas dicker ausgebracht werden. Da dies aber schwer verrottet, soll es nur unter Dauerkulturen wie Beerensträuchern, Obstbäumen und Hecken eingesetzt werden.

Hier kann man auch etwas Steinmehl und Algenkalk darüber streuen, um den Rottevorgang zu beschleunigen und verbessern. In feuchten Gebieten ist vor allem in Gemüsebeeten Vorsicht mit dem Mulchen geboten, da sich Schnecken (und Mäuse) darunter besonders wohl fühlen.

**Der wichtigste Grundsatz:
»Wenig, dafür öfters.«**

MULCHEN MIT RASENSCHNITT Unbedingt zuerst antrocknen lassen, dann kann er als dünne Schicht (bis zu 5 cm) als Mulch auf sämtlichen Beeten zwischen den Kulturpflanzen oder auf Baumscheiben ausgebracht werden. Er verrottet schnell.

LAUBMULCH Laub kann im Herbst als Mulchdecke auf Beete und als Winterschutz für kälteempfindliche Pflanzen ausgebreitet werden, wenn es vor Verwehung (mit dünner Erdschicht) geschützt wird. Da es sich aber langsam zersetzt, sollte es im Frühjahr wieder entfernt und kompostiert werden.

STROHMULCH Hat ein weites C-N-Verhältnis und entzieht viel Stickstoff. Bei starker Stickstoffüberdüngung (Geilwuchs, Pflanzen »schießen ins Kraut«, nur schwache Blüte und Frucht) kann Strohmulch helfen. Mit Strohpackungen versucht man auch überdüngte Gewässer (z.B. Schwimmteiche) zu reinigen (Algenreduktion).

Sehr bewährt hat sich der **Strohmulch unter Erdbeerkulturen,** da die Früchte vor Pilzkrankheiten und Verunreinigungen geschützt sind. Ebenso kann auch fein gehäckselter Strauchschnitt verwendet werden.

RINDENMULCH Hat sich nur unter Gehölzen bewährt. Wegen des hohen Gerbsäuregehaltes und oft auch Spritzmittelgehaltes (Fungizide, Pestizide) mit Vorsicht einzusetzen. Die meist kurz gelagerten, nicht fermentierten Rindenstückchen enthalten wachstumsschädigende und -hemmende Stoffe, die das Wachstum von Gemüse, Kräuter und Stauden beeinträchtigen können. Je abgelagerter und umgesetzter der Rindenmulch ist (wird zu Rindenhumus), desto verträglicher wird er auch für empfindlichere Kulturen.

MULCHPAPIER, MULCHFOLIEN Um kleinere Flächen von Wurzelunkräutern wie Giersch freizuhalten, kann man diese Flächen nach mechanischer Unkrautentfernung mit Pappe oder speziellem Mulchpapier abdecken, darauf kommt Mulch aus organischem Material (Rasenschnitt, Häckselgut, Rohkompost, etc.). Das Papier verrottet nach einiger Zeit, dann können z.B. Staudenbeete angelegt werden.

Mulchfolien eignen sich vor allem für wärmeliebende Kulturen wie Gurken, Melanzani oder Paprika und können öfter verwendet werden. In Zierbeeten bieten sie keinen schönen Anblick und sind meist teuer.

Erdbeeren gemulcht mit Häckselgut

Gründüngung – lebende Bodenbedeckung

Eine Sonderform der Flächenkompostierung ist die Gründüngung. Sie ist eine sehr alte Düngemethode, ursprünglich im Ackerbau angewandt. Unbewachsener Boden ist den Witterungseinflüssen extrem ausgesetzt: starke Regengüsse, intensive Sonneneinstrahlung, austrocknende Winde und strenger Frost wirken sehr nachteilig auf die Bodenstruktur und vor allem auch auf die Bodenlebewesen. Unkraut fliegt an und breitet sich aus.

Daher sollte man den Boden nie unbedeckt lassen, sei es nach dem Hausbau oder auf Beeten, vor Auspflanzung (zeitiges Frühjahr) oder im Herbst nach der Ernte. Nach dem Abfrieren oder Schnitt wird die Gründüngung entweder als Flächenmulch liegengelassen oder eingearbeitet. Darauf kann angebaut werden.

BODENBELEBUNG Verdichteter Boden nach dem Hausbau kann durch Auflockern und Einsaat einer Gründüngung wieder belebt werden. Im Boden abgeernteter Gemüsebeete sind meist immer noch beträchtliche Stickstoffmengen vorhanden, die man mit den Gründüngungspflanzen binden und vor Auswaschung bewahren kann.

Gründüngung

Vorteile der Gründüngung

- Bodenverbesserung, Untergrundlockerung
- Regulierung des Wasserhaushaltes
- Beschattung, Erosionsschutz
- Aktivierung der Bodenlebewesen, Humusnachschub
- Unkrautunterdrückung
- Nährstoffanreicherung (v.a. Stickstoff)
- Ertragserhöhung bei Folgefrüchten

Unbedeckter und bedeckter Boden

Bei der Gründüngung unterscheidet man zwischen:

- abfrierender – nicht abfrierender Gründüngung
- stickstoffsammelnde – nicht stickstoffsammelnde Pflanzen
- Wachstum vor oder nach der Hauptkultur
- Wachstum mit der Hauptkultur (Untersaat)

Während die Gründüngung vor und nach der Hauptkultur und als Untersaat vor allem in der Landwirtschaft und in der Permakultur von Bedeutung ist, wird im Hausgarten meist eine abfrierende Gründüngung mit stickstoffsammelnden Pflanzen (Kleearten, Wicken, Lupinen, Senf, Raps, Sonnenblume, Kapuzinerkresse, Bienenfreund) zur Bodenverbesserung empfohlen. An den Wurzeln der Schmetterlingsblütler (Leguminosen) befinden sich die sogenannten »Knöllchenbakterien«, die in der Lage sind, Luftstickstoff zu binden und den Pflanzen direkt zur Verfügung zu stellen. Dadurch wird Stickstoff im Boden angereichert.

Wichtigste Gründüngungspflanzen im Hausgarten

Pflanze	Aussaat	Saatmenge g/100 m²	Saattiefe	Eigenschaften
NICHT WINTERHART, ABFROSTEND:				
Lupine	April–August	2000	2–4 cm	Tiefwurzler, einjähriger Bodenaufschließer; für leichte, saure u. warme Böden
Alexandrinerklee	bis Anfang August	500	2–3 cm	guter Stickstoffsammler
Perserklee	bis Anfang August	500	1–2 cm	guter Stickstoffsammler
Inkarnatklee	bis Mitte September	500	2–3 cm	für leichte und mittlere Böden
Steinklee	März–August	300	1–2 cm	Tiefwurzler, Stickstoffsammler; vertreibt Mäuse durch Cumaringehalt, im Küchenkasten gegen Mehlmotten
Phacelia (Bienenfreund)	Anfang März–Sep.	150–200	1–2 cm	Bienenweide; gute Durchwurzelung; rasch wachsend; Saat gut mit Erde bedecken
Senf, Kresse	bis Ende September	500	1–2 cm	rasch wachsend, billig; nicht vor Kohlgewächsen
Ackerbohne	bis Anfang August	1500	8–10 cm	gute Trockenheitstoleranz
Sommerwicken-Hafer-Gemenge	bis Anfang August	1000	3–4 cm	Stickstoffsammler, Hafer als Stützfrucht
Sonnenblume	bis Ende August	500	2 cm	rasch wachsend
Tagetes (Studentenblume) mit Ringelblume	ab März	300	1–2 cm	zur Regeneration bei Problemen mit Nematoden (Fadenwürmer, Bodenschädling)
Feldsalat (Vogerlsalat)	ab März bis Sep.	300	1–2 cm	als Gemüse und Gründünger, auch winterhart
WINTERHART, MEHRJÄHRIGE KULTUR:				
Luzerne	März–August	300	1–2 cm	Tiefwurzler, Stickstoffsammler: ideal für neue Gärten mit verdichteten Böden, mehrjährige Kultur; Futter für Kleintiere
Winterroggen	September–Oktober	2500	1–3 cm	gutes Durchwurzelungsvermögen, späteste Gründüngung

Kompostmiete, Kompostwalm

Das sind einfache Haufen, die 1,20 m bis max. 2,00 m breit und maximal 1 bis 1,50 m hoch sind. Bei der Länge kommt es auf die Größe des Gartens an. Die Seiten fallen schräg ab. Selten wird so eine Miete an einem Tag aufgesetzt. Deshalb wird auf dem Kompostplatz eine Sammelstelle (-behälter) vorgesehen, auf welcher der organische Abfall gelagert wird. Ist eine größere Menge zusammengekommen, erfolgt das Aufsetzen des gut gemischten Materials. So wird die Miete nach und nach immer länger.

BIOLOGISCH-DYNAMISCHER ANBAU arbeitet vorrangig mit Mieten. Jedes neue Stück Miete wird sofort mit den biologisch-dynamischen Präparaten geimpft und u.U. mit dem Kompostvlies abgedeckt. Ein so behandelter Haufen muss nicht zwangsläufig umgesetzt werden. Nur wenn die Rotte mit schlechten Gerüchen oder zu trocken abläuft, sollte der Haufen ein bis zweimal neu gemischt werden. Dies ist auch wichtig, wenn es die erste Miete auf einem neuen Kompostplatz ist.

Ein Paradies für Kürbis und Kapuzinerkresse

Auf Kompostmieten gedeihen Kürbispflanzen optimal. Die großen Blätter (und die Blüten und Früchte) verzieren nicht nur, sie decken auch ab und beschatten das zu verrottende Material. Auch die einjährige Kapuzinerkresse begrünt und verschönert einen Kompostplatz sehr schnell und sorgt wochenlang für Blütenzauber. Diese stark zehrenden Pflanzen sollten aber nur am unteren Rand der Kompostmiete gepflanzt werden, damit sie nicht zu viele Nährstoffe und Wasser entziehen und nur die ausgewaschenen Nährstoffe aufnehmen.

Meist aber wird nach ca. 2 bis 4 Monaten umgesetzt, wobei die innere Schicht nach außen und das Äußere nach innen kommt. Nach etwa 9 Monaten kann der Kompost »geerntet« werden.

Kompostbehälter

Die Mindestgröße eines Kompostbehälters beträgt 1 m^3, darunter funktioniert die Heißrotte nicht. Die Größe des Komposters hängt natürlich von der Größe und Bepflanzung und Nutzung des Gartens ab.

MENGE DES KOMPOSTES Bei einem Garten mit Mischnutzung, z.B. im Obst-, Gemüse- und Ziergarten, fallen etwa 2 kg Gartenabfall pro m^2 Gartenfläche und Jahr an. In einem reinen Ziergarten mit vorwiegend Rasenfläche und Koniferen wird mit 1 kg Gartenabfall pro m^2 Gartenfläche und Jahr gerechnet, kommen Laubgehölze und Stauden dazu, werden wesentlich größere Volumina benötigt. Bei den Küchenabfällen rechnet man mit durchschnittlich 50–100 kg pro Jahr und Person. Da man aber zusätzliches Strukturmaterial zur Durchlüftung bereithalten sollte, ergibt sich ein Bedarf von etwa 50 kg Strukturmaterial pro Person und Jahr.

Das würde für eine vierköpfige Familie bei einer Gartengröße von 300 m^2 (Naturgarten) eine Bioabfallmenge von ca. 1000–1400 kg pro Jahr ergeben. Da sich das Material setzt und ständigen Rotteprozessen unterliegt, werden zwei Behälter mit je 400–600 Liter Fassungsvermögen erforderlich sein.

OFFENE BEHÄLTER

Beim Kauf oder Selbstbau eines Kompostbehälters ist zu beachten, dass er möglichst im Baukastenprinzip zusammengesetzt oder bei Bedarf auch vergrößert werden kann. Wichtig sind eine gute Handlichkeit, das heißt, dass sich zumindest Teile des Behälters entfernen lassen (einzelne Latten, Vorderwand, etc.).

Kompostbehälter gibt es aus Recycling-Kunststoff, Metall oder Holz. Sie können normalerweise leicht auseinandergenommen werden.

BEHÄLTER AUS HOLZ ➻ Diese fügen sich am besten in das Bild eines naturnahen Gartens ein, verrotten jedoch selbst mit den Jahren. Will man nicht alle 5–10 Jahre einen neuen Lattenkomposter bauen, kann man widerstandsfähige Hölzer wie Lärche, Eiche oder Esche nehmen und sie mit verdünnter, heißer Leinölfirnis oder anderen biologischen Holzschutzmitteln bestreichen. Von einer herkömmlichen Imprägnierung wird abgeraten, da die meisten Holzschutzmittel keimabtötend wirken und für die Lebewesen im Kompost schädlich sind.

LATTENKOMPOSTER ➻ Am preisgünstigsten sind Lattenkomposter, die in fast jedem Baumarkt als einfache Selbstbausätze angeboten werden. Der Eigenbau lohnt sich nur, wenn das Material kostenlos zur Verfügung steht.

Man kann einfache, verzahnte Bretter, Blockhölzer in Lattenbauweise und Staketenzaun-Behälter unterscheiden. Sinnvoll ist es, wenn sich die Vorderfront leicht abbauen bzw. öffnen lässt, damit der reife Kompost gut entnommen werden kann.

Anleitung zum Bau eines Lattenkomposters

Das Grundprinzip besteht darin, dass Holzlatten oder schmale Bretter von 0,7 bis 1,0 m Länge in Abständen von 2 bis 5 cm, schräg nach innen geneigt, in Eckpfosten, die miteinander durch Gewindestangen verspannt sind, verankert werden. Zumindest an der Vorderfront sollten die Latten herausnehmbar sein, um ein leichtes Hantieren zu ermöglichen. Auch das Auswechseln einzelner morscher Latten sollte leicht möglich sein.

WEIDENKORB ➻ Die sich meist nach oben hin verjüngenden Flechtkörbe ohne Boden sehen hübsch aus, sind aber leider nur begrenzt haltbar.

BEHÄLTER AUS STEIN ODER ZIEGEL ➻ Dabei handelt es sich meist um dreiseitig geschlossene Kompostboxen: Ziegelsteine werden versetzt (mit Luftlöchern) aufeinander geschlichtet, nur die Vorderfront bleibt offen oder besteht aus abnehmbaren Holzlatten.

BEHÄLTER AUS DRAHT ODER GITTER ➻ Kostengünstiges, einfachstes Sammelsystem, sieht etwas provisorisch aus und trocknet leicht aus (in windreichen und trockenen Gebieten muss häufig bewässert werden!).

Drahtkomposter (rechts)

Gitterkomposter werden durch einen Rahmen stabilisiert, Drahtkomposter sind oft rund und lassen sich leicht öffnen bzw. entfernen.

- **Vorteil:** durch engmaschiges Gitter kommen keine Ratten hinein (auch oben Maschengitter-Deckel auflegen!)
- **Nachteil:** trocknet sehr leicht aus!

BEHÄLTER AUS STAHLBLECH Sofern keine Dämmung vorhanden ist, ist die Rotte stark von der Witterung abhängig. Verzinkte Produkte führen zu einem hohen Zinkgehalt im Kompost und sind daher nicht empfehlenswert.

GESCHLOSSENE KOMPOSTBEHÄLTER

Geschlossene Kompostbehälter sind für kleine Gärten am ehesten geeignet, da sie den geringsten Platzbedarf haben und vor unangenehmen Gerüchen und unerwünschtem Getier am besten schützen, aber es ist nicht ganz einfach, eine geregelte Rotte zu erzielen. Eine ausreichende Belüftung von allen Seiten sollte unbedingt gegeben sein, damit frische Abfälle nicht zum Vernässen neigen und Fäulnis hervorrufen. Andererseits heizen sich diese Behälter an heißen Tagen und in der Sonne stark auf, sodass der Rotteprozess wegen Wassermangels unterbrochen wird. Es ist also sehr auf die richtige Mischung des Materials (besonders in Hinblick auf den Feuchtigkeitshaushalt) und eine Aufstellung im Schatten zu achten.

TIPP **Geschlossene Behälter schützen vor Witterungseinflüssen wesentlich besser und erzielen dadurch eine wesentlich kürzere Rottezeit, also eine raschere Umsetzung des Materials.**
Hier ist auf eine leichte Handhabung besonders zu achten, vor allem sollten die Entnahmeklappen (im unteren Behälterbereich) möglichst groß sein.

BEHÄLTER AUS KUNSTSTOFF

THERMOKOMPOSTER Schnell- oder Thermokomposter sind meistens aus Recycling-Kunststoff (Umweltzeichen!) und sollen durch Luftschichten in den Wänden oder bestimmtes Dämmmaterial ein besonders heißes Rotteklima schaffen. Die Isolierschicht sollte 10–30 mm betragen, aber auch durchlüftet sein.

TIPP **Auch aus leck gewordenen Regenwassertonnen kann ein guter Schnellkomposter werden, wenn man den Boden entfernt oder grob durchlöchert und die Seitenwände mit vielen Durchlüftungslöchern versieht.**

Regenwassertonne

Aus eigener Erfahrung kann berichtet werden, dass auch mit undicht gewordenen Regenwassersammlern (grüne oder blaue Kunststofftonnen), deren Boden man entfernt oder zumindest grob durchlöchert (Erdverbindung) und deren Seitenwände mit vielen Löchern (gebohrt) versehen werden müssen, durchaus gute Kompostergebnisse erzielt werden können. Meist sind auch passende Deckel vorhanden, die bei langen Regenperioden oder im Winter das Auswaschen von Nährstoffen und Fäulnis verhindern und eine Erwärmung begünstigen.

SCHWENKBARE SILOS – DIE ROTTETROMMEL Sie stellt eine Sonderform der geschlossenen Komposter dar, das Kompostmaterial im Inneren wird möglichst täglich, kurzzeitig gedreht. Dadurch soll das Material intensiv gemischt und mit Luft versorgt werden. Im Bedarfsfall kann Feuchtigkeit zugeführt werden. Bei modernen, vollisolierten Geräten kann unter günstigen Rottebedingungen eine Gesamtrottezeit von 6–8 Wochen erzielt werden. Auch gekochte Essensreste können wegen der freien Aufhängung und Geschlossenheit problemlos kompostiert werden und sind im Gastronomiebedarf und bei der Gemeinschaftskompostierung einsetzbar. Manche Rottetrommeln haben unten einen Auffangbehälter für Flüssigkompost, der als Flüssigdünger entnommen werden kann.

Rottetrommel

Kompostbehälter – speziell für kleine Gärten und Balkone

Am Balkon, ja sogar im Zimmer (Küche) kann man aus Küchenabfällen gute Komposterde erzeugen. Allerdings sollte man einige »Gehilfen« dabei haben: Würmer, Erde, Gesteinsmehle, Zeitungspapier oder Pappe, etc., Handschaufel und Handkralle (zum Auflockern).

In Innenräumen und auf Balkonen kommt vor allem die **Wurmkiste** zum Einsatz, in Kleingärten und Reihenhausgärten ein geschlossener **Thermokomposter** oder die **Rottetrommeln** (Bezugsquellen siehe Anhang).

Wurmkompostierung/ Wurmkiste

Bei der Wurmkompostierung werden die Kompostwürmer gezielt eingesetzt. Der fertige Wurmhumus ist besonders reich an Nährstoffen und Mikroorganismen, da die Würmer die Rohstoffe konzentriert verarbeiten. Auch hier leisten die Mikroorganismen Vorarbeit, die Würmer können nur angerottetes Material aufsaugen.

PRAXIS Die Wurmkompostierung kann auf kleinem Raum durchgeführt werden. Es reichen dafür ein großer Kübel oder eine Kiste mit Abdeckung, die mit Luftlöchern und einem Abfluss versehen werden. Wichtig ist, dass es zu keiner Staunässe kommt, die Würmer brauchen feuchte, aber luftige Verhältnisse. Da sie nicht weit flüchten können, müssen starke Sonnenbestrahlung und Überhitzung vermieden werden. Bei Temperaturen über 40 °C sterben sie ab.

Wenn der Wurmkompost-Behälter im Haus aufgestellt wird, arbeiten die Würmer das ganze Jahr über.

Die Würmer können käuflich erworben werden, ebenso spezielle Behälter zur Wurmkompostierung. Für einen 10l-Behälter rechnet man 500–1000 Würmer.

Wurmkiste

Der Behälter wird zuerst ungefähr bis zur Hälfte mit lockerem Material befüllt, in dem sich die Würmer einnisten.

Geeignetes Material zum Einnisten

- **Karton- und Papierreste,** die zuvor eingeweicht und ausgedrückt und damit von diversen Zusätzen gereinigt wurden
- **abgelegener Mist**
- **angerottetes Laub oder Kompost**

EINBRINGEN DER WÜRMER Dann werden die Würmer eingebracht, nach zirka einer Woche haben sie sich eingelebt und können gefüttert werden. Unter guten Bedingungen fressen die Würmer ungefähr die Hälfte ihres Eigengewichtes pro Tag. Zu Beginn sollten die Futtermengen eher gering sein, um eine Überfütterung zu vermeiden. Wenn die Abfälle nicht verbraucht werden, kann es zu Geruchsbelästigung und Anlockung von Fliegen kommen, daher ist eine Abdeckung wichtig. Trockenes Futter wird mit einer Sprühflasche angefeuchtet.

Die Würmer behandeln ihre Nahrung mit Schleim vor und fördern damit die Vermehrung der Mikroorganismen. Nach einigen Tagen sind die Rohstoffe genügend vorverdaut und die Würmer können sie aufnehmen.

Als Futter eignen sich

- Laub, Gras, Papier, Tee, Mehl und Mehlprodukte, Kompost und Mist
- Zerschlagene Eier liefern den Würmern den Kalk, den sie für ihre Verdauung brauchen.

Besonders beliebt sind

- Kaffeesud sowie Gemüse- und Salatreste (möglichst ohne Marinade) und Obstschalen.

Besser nicht füttern

- Milchprodukte, Fleisch, Knochen, Schalen von Zitrusfrüchten, Öl, Essig, sehr salzige und stark gewürzte Speisen

TIPP **Der pH-Wert im Kompost soll zwischen 6,5 und 8 betragen. Wenn er zu sauer ist, kann er mit Algenkalk neutralisiert werden.**

FRUCHTFLIEGEN Ein Problem kann das Auftreten von Fruchtfliegen sein. Daher sollte das Wurmfutter möglichst eingegraben oder mit Papierschnitzel bedeckt werden. Damit werden auch Gerüche unterbunden. Eine kleine Schaufel oder ein Grabgerät sollte immer greifbar sein.

Eine andere Möglichkeit ist, ein Netz (Kartoffelsack) mit Papierschnitzel zu befüllen und diesen als »Polster« zur lockeren Abdeckung darüber zu legen (Schutz vor Sonneneinstrahlung, Austrocknung und Fliegen).

WURMHUMUS Wenn der Behälter voll ist, kann der Wurmhumus geerntet werden. Die Würmer werden mit frischem Futter durch ein Netz nach oben gelockt, mit dem sie vom fertigen Wurmhumus getrennt werden können. Eine andere Methode ist, den Wurmhumus auf eine Seite zu schieben und die Würmer einige Zeit nicht zu füttern. Wenn sie später auf der anderen Seite Futter vorfinden, wandern sie dorthin ab.

Im Garten kann das Wurmbeet im bestehenden Kompost angelegt werden, wenn dort keine große Hitzeentwicklung mehr stattfindet (nach der Heißrottephase). In der Mitte des Komposthaufens wird ein Loch in der Größe eines Kübels gegraben und mit den Materialien zum Einnisten befüllt. Hier richten sich die Würmer ein und verarbeiten den Kompost zu feinkrümeligem Wurmhumus. Zum Ernten werden sie am besten ebenfalls vom fertigen Wurmhumus weg zu frischem Futter gelockt.

VORTEIL VON KOMPOSTWÜRMERN

Durch den zusätzlichen Besatz mit den Kompostwürmern wird der Kompost schneller und intensiver durchmischt und es entsteht sehr feine Komposterde. Wenn zuvor eine Hitzephase stattgefunden hat, wird das gesamte Leben (Mikroorganismen) im Kompost durch die Würmer rascher wieder hergestellt.

Wurmbeete im Freien

Der Kompost mit Wurmbeet soll besonders gleichmäßig feucht gehalten und gut abgedeckt werden. Am wohlsten fühlen sich die Kompostwürmer bei Temperaturen um 18 °C. Lokalen Erwärmungen im Kompost können die Kompostwürmer ausweichen.

Da die Würmer im Freien vielen Fressfeinden wie Vögeln und Maulwürfen ausgesetzt sind, ist es sinnvoll, sie durch Abdeckungen und durch grobmaschige Netze im Boden zu schützen.

Kompostbehälter-Übersicht

	Vorteil	Nachteil	Bezugsquelle
Lattenkomposter	billig, flexibel, Naturmaterial	verrottet nach ca. 10 Jahren	sämtliche Baumärkte
Draht/Gitterkomposter	billig, flexibel, leicht zu öffnen	nicht für Trockengebiete, unansehnlich	sämtliche Baumärkte
Ziegelkomposter	aus Recycling-Ziegeln, billig	nicht flexibel	NÖ Recyclingbörse, Abbruchziegel (ohne Verputzreste)
Thermokomposter	geschlossen, keine Geruchsbelästigung, keine Ratten	teuer, muss sorgfältig befüllt werden (abwechselnde Schichtung, Durchmischung von nassem und trockenem Material!)	sämtliche Baumärkte, verschiedene Firmen
Rottetrommeln	offene Aufhängung, rasche Umsetzung	schwer erhältlich	Internet-Bestellung (siehe Bezugsquellen)
Wurmkiste	rasche Umsetzung, auf kleinstem Raum, auch Innenraum, möglich	Betreuung	siehe Bezugsquellen

Rotteführung

Rotte bedeutet, dass Sauerstoff, Wasser und zahlreiche Mikroorganismen organische Substanz zu Humus umbauen. Das Werden des Kompostes (Abbau, Umbau, Aufbau) wurde bereits in den vorangegangenen Kapiteln beschrieben.

Das Aufsetzen des Kompostes

Das sorgfältige Aufsetzen des Kompostes ist die wichtigste und für die Qualität der fertigen Komposterde entscheidende Tätigkeit der GärtnerInnen.

- **Schritt 1:** Damit sich kein Nässestau im Kompost bilden kann, beginnt man damit, eine 10 bis 20 cm tiefe Grube auf der Grundfläche des Kompostplatzes auszuheben. Bei lehmigem Boden wird sie mit Sand aufgefüllt (Drainage!), bei sandigem Boden mit humosem Lehm, um Sickersäfte zu speichern.

- **Schritt 2:** Die unterste Schicht besteht aus 10 bis 20 cm grobem Strukturmaterial zur Durchlüftung und Drainage durch locker aufgeschichteten, zerkleinerten Baum- und Strauchschnitt, Zweige, Stauden-Stängel, etc.

- **Schritt 3:** Darüber folgt eine Schicht aus gut gemischtem, organischen Material wie Küchenabfälle, angetrockneter Grasschnitt, Häckselgut, Mist, Laub, etc. Zur Startbeschleunigung des Rotteprozesses empfiehlt es sich, Erde (bei Sandböden: Tonmehl oder Lehm) oder Rohkompost dazwischen zu streuen.

- **Schritt 4:** Darüber streut man stickstoffhaltigen Dünger, bestens bewährt hat sich eine Mischung aus Horn-, Blut- und Knochenmehl. Eine sparsame Zugabe von Gesteinsmehlen (Urgesteinsmehl, Basaltmehl, etc.) kann den Kompost mit wichtigen Mikronährstoffen anreichern und Gerüche binden (siehe S. 56).

Abdeckung des Komposthaufens

Mieten und einfache Komposthaufen bzw. offene Behälter sollte man, wenn etwa eine Höhe von 1,50 m erreicht ist, mit Erde, umgedrehten Grassoden, Laub oder Stroh oder auch mit alten Schilfmatten (oder Kartoffelsäcken oder ähnlichem aus Jute) abdecken. Sie sollen luftdurchlässig sein und vor Austrocknung (und zu rascher Abkühlung) schützen. Dies gilt bis zur Heißrotte, danach kann der Kompost auch mit dunkler Folie vor Auswaschung und Unkrautanflug geschützt werden.

Umsetzen des Kompostes

Vier bis sechs Wochen nachdem der Haufen fertig aufgesetzt ist bzw. der Behälter voll ist, kann umgesetzt werden. Durch das Umsetzen wird der Kompost gemischt und äußere Schichten in die Mitte gebracht, bzw. innere nach außen, damit alles einer optimalen Rotte unterzogen werden kann. Alles wird gut durchlüftet, vernässte und ausgetrocknete Stellen werden vermengt.

Wenn die Kompostierung nicht optimal und zu langsam verläuft, kann man durch Umsetzen eine Beschleunigung und Verbesserung des Kompostierungsvorganges erreichen.

Vor allem in der ersten Abbauphase erreicht man durch Umsetzen, dass alle (auch die außen gelegenen Schichten) der Heißrotte unterzogen werden und den inneren Schichten wieder Luft zugeführt wird.

Bei offenen Behältern und Mieten dient ein ein- bis zweimaliges Umsetzen zur Optimierung der Kompostqualität, ist aber bei gutem Aufsetzen und sorgfältigem Befüllen nicht unbedingt notwendig.

Umsetzen und Absieben des Kompostes

Schädlinge im Kompost

Vor **Ratten und ähnlichen Nagern** schützt man sich zuallererst dadurch, dass man Essensreste nicht kompostiert und Gemüsereste und dergleichen nur in die Mitte gibt und sofort mit Erde und Gesteinsmehl bedeckt. Weiters kann man auch vor Anlegen eines neuen Komposthaufens zuunterst ein Drahtgitter anbringen; dies ist vor allem bei der Anlage von Hügelbeeten erforderlich.

SCHNECKEN Der Komposthaufen ist natürlich ein Anziehungspunkt für Schnecken. Ihre Eier werden aber ab einer Temperatur von 45 °C (im Inneren des Haufens) abgetötet. Um eine Verschleppung der Schneckeneier mit dem Kompost zu verhindern, kann man die obersten 3–5 cm abrechen und im neuen Komposthaufen in der Mitte einbringen.

Übrigens bietet ein Komposthaufen auch zahlreichen Nützlingen wie Igeln, Spitzmäusen und Ringelnattern einen Unterschlupf!

Absieben des Kompostes

Ob ein Absieben notwendig ist, hängt von der Verwendung ab.

Soll der Kompost zur Bodenverbesserung und Strukturverbesserung dienen, ist ein grober, nicht abgesiebter Kompost geeigneter, da er noch nicht vollständig verrottete Teile enthält, die den Boden lockern und Humus langfristig aufbauen.

Will man jedoch eine Düngung am Rasen durchführen oder will man Blumenerde/Ansaaterde herstellen, kommt man um ein Absieben, zuerst durch ein grobmaschiges, dann feineres Sieb, nicht herum.

Kompostzusätze

Prinzipiell sollten bei richtiger Rotteführung – das heißt bei richtiger Zusammensetzung des Kompostmaterials (siehe S. 53) – keine weiteren Zusatzstoffe benötigt werden. Wenn die Grundregeln der Kompostierung missachtet werden, können die Fehler nicht mit Hilfsmitteln oder Zusatzstoffen korrigiert werden.

Zur Beschleunigung der Prozesse, sowie zur Förderung der optimalen Lebensbedingungen für spezielle Mikroorganismen, kann eine Zugabe von strukturverbessernden Substraten, speziellen Nährstoffen sowie rottefördernden Organismen sinnvoll sein.

Kompoststarter

Der beste und einfachste Kompoststarter für neu aufzusetzende Mieten sind einige Schaufeln Siebreste reifen Komposts. Legt man den Kompostplatz völlig neu an, können einige Produkte die Bedingungen für ein rasches Einwandern gewünschter Mikroorganismen begünstigen und somit den Umsetzungsprozess rascher beginnen lassen.

Die am Markt angebotenen Produkte enthalten meist organisch gebundenen Stickstoff (z.B. Hornmehl, Guano, getrockneten Hühner- oder Rindermist), Stein- und Tonmehle, Kräuterauszüge, einige auch Bodenorganismen und Bakteriennährböden.

TIPP **Um die Bodenlebewesen zu aktivieren, kann man einen kleinen, einfachen Trick anwenden: 1/2 kg Zucker und einen Hefe/Germwürfel in handwarmem Wasser (10–15 l) in einer Gießkanne auflösen und auf den Kompost gießen – diese Mischung reicht für 1 m³.**

Es gibt natürlich auch verschiedene Bakterienpräparate im Handel, doch wenn der Anschluss an den Boden gegeben ist und die Materialzusammensetzung optimal ist, kann auch das beste Präparat nicht mehr viel verbessern.

Bei eher abwechslungsarmen, mehrheitlich holzigen Ausgangsmaterialien, sowie Laub und Nadelstreu ist der Einsatz solcher Mittel durchaus sinnvoll um das Kohlenstoff-Stickstoff-Verhältnis (C/N-Verhältnis) auszugleichen. Meist genügt es aber, das Rottematerial mit einer selbst hergestellten Pflanzenjauche zu begießen und/oder mit eigenem Reifkompost zu starten.

KRÄUTERPRÄPARATE vor allem in Verbindung mit Gesteinsmehl, erhöhen die Aktivität der Mikroorganismen im Kompost, was sich in einem besseren Kompostwurmbesatz und damit einhergehend schnellerer Umsetzung äußert.

Mineralische Zusatzstoffe

GESTEINSMEHLE

Schon im alten Ägypten (Nilschlamm) und in Mesopotamien wurde das mineralhältige Wasser der Überschwemmungen geschätzt. Auch bei den Inkas wurde das mit Steinmehl befrachtete Wasser aus den Anden (Gletscherabrieb) zum Bewässern der Felder benützt. Dieses alte Wissen tradieren die Hunzas im Himalaja ebenso wie die Walliser und Südtiroler Bergbauern noch heute.

Die Gesteinsmehle sind sehr nützliche Strukturverbesserer, die den Kompost mit Spurenelementen und Mineralien anreichern, die für die Mikroben lebenswichtig sind.

Staubfeine Vermahlung stellt sicher, dass die Stoffwechseltätigkeit der Mikroben von Anfang an angeregt und unterstützt wird. Dadurch wird die Bildung von sogenannten Mikronährstoffen (z.B. Vitamine) im Kompost gefördert.

Eine weitere hervorragende Eigenschaft der Gesteinsmehle ist ihr hohes Bindungsvermögen. Sie helfen einerseits Stickstoffverluste zu vermeiden und andere wertvolle Stoffe vor Auswaschung zu bewahren, andererseits besitzen sie die Fähigkeit Gerüche zu binden.

Aufbringen von Gesteinsmehl

Daher streut man sie bevorzugt über Küchenabfälle und Pflanzenjauchen.

Beim Arbeiten mit Gesteinsmehlen ist zu beachten, dass der Staub unsere Atemwege belastet und zumindest die Windrichtung berücksichtigt werden sollte.

Urgesteinsmehle

Bei diesen liegt Silizium nicht als Quarz, sondern in Form von Alumo-Silikaten (Verwitterungsprodukte der Feldspate, Vorläufer der Tonminerale) vor. Da sie eine gröbere Körnung aufweisen, sollten sie vor allem zur Verbesserung der Bodenstruktur bei schweren, lehmigen Böden eingesetzt werden.
Dosierung: 5 bis 10 kg/m³ Kompost.

Tonminerale (Bentonit, Montmorillonit)

Tonmehle begünstigen (v.a. in der Reifephase) die Bildung wichtiger Ton-Humus-Komplexe mit Hilfe der Bodenorganismen. Sie sind stark quellfähig, lagern Nährstoffe an und machen sie pflanzenverfügbar. Auf Grund ihrer tonigen Eigenschaften eignen sie sich vor allem zur Verbesserung leichter, sandiger Böden.
Dosierung: 3 bis max. 5 kg/m³ Kompost.

KALK

Kalkgaben fördern die Rotte, können aber auch zu Stickstoffverlusten führen.

Werden überwiegend sauer reagierende Materialien wie Küchenabfälle/Kaffeesatz, Nadelstreu, Rindenabfälle, säurehaltige Blätter oder Sägemehl kompostiert, ist eine Zugabe von Kalk empfehlenswert. Kalkmehl wird am besten nach Ablauf der Abbauphase, beim Umsetzen der Rotte zugegeben (3–5 kg/m^3).

Algenkalk

Im biologischen Anbau hat sich bei niedrigen pH-Werten im Kompost oder im Boden vor allem Algenkalk bewährt, der neben dem Kalk wertvolle Spurenelemente enthält.

Hornmaterial in verschiedenen Vermahlungsgraden

- **Hornspäne:** grobe Teile zersetzen sich langsamer und geben Nährstoffe langsamer aber auch langfristiger frei.
- **Horngrieß:** Zwischengröße.
- **Hornmehl:** fein vermahlen
- **Blutmehl:** wirkt rascher und weist einen besonders hohen Stickstoffgehalt auf.
- **Knochenmehl:** ist vor allem reich an Phosphor und Calcium.

Organische Zusatzdünger

HORNSPÄNE, HORNMEHL UND KNOCHENMEHLE

Diese tierischen Abfallprodukte (Schlachthausabfälle) enthalten vor allem Stickstoff, daneben Phosphor und Kali. Mischt man Horn-, Blut- und Knochenmehl, erhält man einen organischen »Volldünger«, der nicht nur die wichtigen Nährstoffe N, P, K, sondern auch zahlreiche Spurenelemente enthält. Da die günstigsten Mischungsverhältnisse nicht so leicht zusammen zu stellen sind, ist es empfehlenswert, fertige Naturdünger zu verwenden.

Hornspäne

Biologisch-dynamische Kompostpräparate
(nach Rudolf Steiner)

Biologisch-dynamische Präparate dienen vor allem der qualitativen Verbesserung des Rottevorgangs, indem man den frischen Komposthaufen oder die Miete damit beimpft. Sie sind aus Schafgarbe, Kamille, Brennnessel, Eichenrinde, Löwenzahn und Baldrian zubereitet.

Dazu werden mit einem angespitzten Holzstock fünf Löcher senkrecht von oben in den Haufen gestoßen. Die Löcher sollten mindestens 50 cm, jedoch nicht weiter als zwei Meter voneinander entfernt sein. In einem Schnellkomposter können die Abstände geringer sein. Maximal ein halber Kaffeelöffel der Präparate wird mit etwas fertigem Kompost zu einer Kugel geformt und einzeln in je ein Loch gesteckt. Das Brennnessel-Präparat kommt in die Mitte. Die Löcher werden gut verschlossen, so dass die Präparate von allen Seiten von Dünger umgeben sind.

Vom flüssigen Baldrianpräparat wird max. ein Kaffeelöffel mit fünf Liter abgestandenem handwarmen Wasser (Regenwasser) vermischt. Das Ganze wird rund 5 Minuten lang in wechselnder Drehrichtung gerührt und mit der Gießkanne auf der Oberfläche des Komposthaufens verteilt. Anschließend mit Vlies, Erde, Gras oder ähnlichem abdecken.

Präparate mit Mikroorganismen

EFFEKTIVE MIKROORGANISMEN (EM)

EM = Mischung effektiver Mikroorganismen, darunter hauptsächlich:

- v.a. fermentaktive Bakterien wie Milchsäurebakterien
- Hefen
- Photosynthesebakterien
- Aktinomyceten
- Pilze – wie Aspergillus und Penicillium.

EM kann überall dort eingesetzt werden, wo sich Mikroorganismen befinden – das heißt, in allen Lebensbereichen.

Der Begriff wurde von Teruo Higa, Professor für Tropischen Gartenbau in Okinawa, Japan, um 1980 geprägt. Er beobachtete, dass bestimmte Mikroorganismen zu Gesundheit und Wachstum führen, andere zu Zerfall, Fäulnis und Krankheit. Der Großteil der Mikroorganismen ist für beide Richtungen offen und schließt sich den jeweils dominierenden an. Durch Stärkung der gewünschten Mikroorganismen kann die vorherrschende Richtung positiv beeinflusst werden. In diesem Sinne wirkt auch der Kompost im Boden.

Higa geht jedoch davon aus, dass in unserer Umwelt zu viele Reaktionen mit Sauerstoff stattfinden. Sauerstoff ist sehr reaktionsfreudig und geht mit fast allen Elementen Verbindungen ein.

Viele Oxidationsprozesse wirken schädigend, durch Umweltverschmutzung finden sie vermehrt statt. Die Anti-Oxidanzien, die unter Luftabschluss gebildet werden, können ihnen entgegenwirken.

Unter rein aeroben Verhältnissen laufen zu viele Oxidationsprozesse ab und es geht zu viel Energie durch Verbrennung verloren. Auch bei der Kompostierung wird sehr viel Energie in Wärme umgesetzt.

Die reine Einteilung in aerobe sind gute, anaerobe sind schlechte Bakterien ist stark vereinfacht.

EM setzt sich aus aeroben und anaeroben Bakterien zusammen, die sich gegenseitig ergänzen. Die einen leben jeweils von den Abfallprodukten der anderen, zum Beispiel anaerobe Photosynthesebakterien und aerobe Azotobakter.

Auch in der Natur laufen diese Prozesse neben- und hintereinander ab und es kommt auf die vorherrschende Tendenz an.

Higa zieht die anaeroben Prozesse mit seinen ausgewählten Bakterien vor und verarbeitet organische Reste durch Gärung (Fermentation).

EM-KOMPOST Frische Abfälle werden mit EM luftdicht verschlossen und zehn bis vierzehn Tage lang vergoren. Das Ergebnis ist ähnlich milchsauer eingelegtem Gemüse und hat einen ziemlich sauren pH-Wert (3,5 bis 4). Durch die Tätigkeit der Mikroorganismen haben sich Vitamine, organische Säuren und Antioxidanzien darin angereichert. Es wird in die Erde eingegraben, nach zirka zwei Wochen hat sich der pH-Wert neutralisiert. Neue Pflanzungen sollten erst dann erfolgen. Bereits nach sechs bis acht Wochen haben Regenwürmer und andere Bodentiere dunklen Humus daraus gemacht.

Bei Kompostierungsversuchen mit EM-Produkten wurde der Rottekörper weniger heiß, Zellulose und Holz wurden schneller abgebaut, die Geruchsentwicklung war stark vermindert.

EM ALS HANDELSPRODUKT ist ein milchsaures Konzentrat aus Wasser, Zuckerrohrmelasse und den oben erwähnten, natürlichen Mikroorganismen. Für die Anwendung in Haushalt, Garten oder Landwirtschaft wird das Konzentrat unter Zusatz von Zuckerrohrmelasse und Wasser bei 20 bis 30 °C aktiviert (fermentiert).

Es gibt auch fertiges EM Bokashi (fertig fermentiertrer EM-Kompost), der nur in eigenen Kübeln oder in Kompostmieten, die mit heller Folie sehr gut abgedeckt werden müssen (anaerobe Verhältnisse), angewendet wird. Muss ca. 2 Wochen im Boden vererden, bevor gepflanzt werden kann.

- **Biorott:** rottefördernde Mikroorganismen und Nährstoffe
- **Humofix:** Kräuterpräparat der Klosterschwestern der Abtei Fulda

Jauchen zur Verbesserung und Beschleunigung

Brennnesseljauche oder Beinwelljauche sind sehr stickstoffhaltig und regen die Tätigkeit von Kompost- und Regenwürmern an. Dieser preiswerte, reichhaltige Flüssigdünger kann jederzeit beigegeben werden.

Brennnesseljauche

Herstellen von Löwenzahnjauche

Sonderkomposte

Laubkompost, Nadelstreu

Besonders im Herbst fallen große Laubmengen an. Diese decken den Boden den Winter über gut ab und sollten unter Bäumen, Sträuchern und auf Staudenbeeten liegen bleiben. Am Rasen sollten sie mit dem Rasenmäher zerkleinert werden, dann kann man sie ebenfalls den Winter über belassen.

LAUB das sich sehr langsam zersetzt, wie z.B. **Nusslaub,** wird am besten auf einen eigenen (Kompost-)Haufen gerecht und einige Zeit (den Winter über) liegen gelassen, damit Gerbstoffe und andere Hemmstoffe abgebaut werden, bevor sie mitkompostiert werden.

LAUBKOMPOST Ist sehr viel Laub vorhanden, kann man einen eigenen Laubkompost aufsetzen. Auch hier muss die unterste Schicht möglichst locker und luftdurchlässig sein, also am besten Häckselgut und kleines Astmaterial, darauf kommt eine 5–10 cm dicke Schicht Gartenerde, danach das Laub. Kann es nicht mit stickstoffhaltigem Grasschnitt oder Küchenabfällen gemischt werden, müssen stickstoffhaltige Zuschlagstoffe wie z.B. Hornmehl eingebracht und feucht gehalten werden. Vor allem bei **Eichenlaub** empfiehlt sich eine Zerkleinerung (Rasenmäher) und ein Bestreuen mit Algenkalk, um die Gerbstoffe zu neutralisieren. Spätestens im nächsten Herbst ist auch aus Eichenlaub die beste Lauberde geworden.

NADELSTREU kann man bei Koniferen darunter belassen. Es eignet sich außerdem hervorragend als Torfersatz, kann also zu Moorbeetpflanzen wie Rhododendren und Azaleen, aber auch zu Hortensien gegeben werden, die ebenfalls sauren Boden bevorzugen. Soll die Nadelstreu auf den Kompost, sollte wie bei gerbstoffreichem Laub auf Durchmischung, Zugabe von Algenkalk und ausreichende Feuchtigkeit geachtet werden.

TIPP **Laubkompost eignet sich hervorragend als Torfersatz für Moorbeetpflanzen wie Rhododendren, Azaleen, Zaubernuss und Beerensträucher wie Heidel- und Preiselbeeren.**

Mistkompost

Bei der Stallhaltung fallen je nach Tierart verschiedene Dungarten an, die sich durch unterschiedliche Eigenschaften sehr voneinander unterscheiden. Schweinemist gilt als »kalt« und hat einen relativ hohen Kaliumgehalt (gut für Knollenfrüchte), Pferdemist neigt zu Überhitzung und sollte daher mit pflanzlichen Substanzen und feuchter Erde gut durchmischt werden. Falls statt Stroh Sägemehl zur Einstreu verwendet wird, ist besondere Vorsicht wegen des weiten C/N-Verhältnisses, das zum Aufschließen viel Stickstoff braucht, geboten.

Strohkompost

Stroh sollte in reiner Form besser als Mulchmaterial oder in dünner Schicht zur Abdeckung des Komposthaufens verwendet werden. Allenfalls kann eine 30 cm dicke Strohschicht mit Kompost und wenig Kalk aufgesetzt werden, die häufig begossen werden sollte, am besten mit stickstoffhaltigen Jauchen (Brennnesseljauche). Dieser Spezialkompost ist stark kieselhaltig und beugt Pilzschäden vor (gut für Erdbeeren, Zwiebel, Karotten).

Rasensodenkompost

Falls Rasen oder ein Beet neu angelegt werden soll, sollten die Rasensoden mit der Oberseite nach unten auf den Komposthaufen gelegt werden.

Obsttrester

Als Trester bezeichnet man die Rückstände aus der Obstsaft- und Weinpressung. Trester ist ein ideales Ausgangsmaterial für optimale Komposterde, da es zu besonders hohem Besatz mit Kompost- und Regenwürmern kommt. Die stark verdichteten Pressrückstände werden mittels Häcksler zerkleinert und mit etwa gleichem Anteil Mist sowie Gesteinsmehl, Holzasche und Algenkalk zusammen aufgesetzt.

Rindenkompost (Rindenmulch, Rindenhumus, Rindensubstrat)

Rinde ist aus vielerlei Gründen kritisch zu betrachten. Leider wird Rinde oft zur Vorbeugung gegen Borkenkäfer mit Insektiziden behandelt. Auch ist der Gerbsäuregehalt der Rinde je nach Baumart verschieden und kann bei empfindlichen Kulturen zu Wachstumsschäden führen. Daher ist auf eine Kennzeichnung (behandelter/unbehandelter Rindenmulch) zu achten.

Rindenkompostarten

- **Rindenmulch:** Junges, grobes Rindenmaterial enthält viele Gerbsäuren, Harze und Phenole und eventuell Insektizide und wird zum Abdecken von Wegen, Baumscheiben und unter neu gepflanzten Sträuchern zur Unkrautverhinderung eingesetzt. Diesen Effekt kann man günstiger und umweltgerechter auch mit Mulch aus Rasenschnitt oder Strauchhäcksel erzielen.
- **Rindenhumus & Rindenkompost:** Zur Gänze verrottete Rindensubstanz, besser verträglich, wird leicht eingearbeitet und kann als Torfersatz verwendet werden.
- **Rindensubstrat:** Enthält zusätzliche Beimengungen wie Kalk, Gesteinsmehle, etc. und wird auch zur Herstellung von speziellen Anzuchterden verwendet.

Düngen im naturnahen Garten

Kompost ist das Gold des Gärtners – der ideale Bodenstrukturverbesserer und natürlicher Nährstofflieferant mit vielen Vorteilen gegenüber herkömmlichen Handelsdüngern. Er spart Geld und schont die Umwelt. Es sind keine energieaufwändigen Herstellungsverfahren und Transportwege notwendig, Moore bleiben erhalten, Überdüngung und Grundwasserbelastung erübrigen sich von selbst. Zahlreiche Einsatzmöglichkeiten der Kompostarten bieten sich bei verschiedenen Zier- und Nutzpflanzen hervorragend an.

Frischkompost

Nach zwei bis sechs Monaten sind die Prozesse im Kompost noch im Gang, das heißt, die Mikroorganismen sind noch sehr aktiv. Grobe Strukturanteile sind vorhanden. Dies trägt zur Verbesserung der Bodenstruktur bei. Im Boden wird die Umsetzung beschleunigt, Nährstoffe werden rasch freigesetzt. Wenn sie nicht sofort aufgenommen werden können (z.B. im Herbst, Winter und zeitigem Frühjahr), ist die Gefahr der Auswaschung der Nährstoffe (v.a. Stickstoff) groß. Unausgereifter Kompost ist vor allem für Sämlinge und Keimlinge zu scharf, darf also bei der Pflanzenanzucht nicht verwendet werden.

MULCHEN Am besten eignet sich der Frischkompost also zum Mulchen und zur kurzfristigen Verbesserung der Bodenstruktur. Leichte, sandige Böden können von dieser kurzfristigen Düngewirkung profitieren. Langanhaltende Verbesserung der Bodenstruktur (Aufbau von Dauerhumus) erreicht man mit Reifkompost.

HOHER NÄHRSTOFFBEDARF
Da die Nährstoffe sehr rasch zur Verfügung stehen, kommt er vor allem bei Kulturen mit hohem Nährstoffbedarf (Starkzehrer) wie z.B. Tomaten, Zucchini, Kürbis, Gurken, Kartoffeln, Kohlarten und Mais während der Hauptwachstumszeit zur Anwendung.

Wichtig ist, dass angerotteter oder Mulchkompost nicht in den Boden eingearbeitet wird, sondern höchstens mit der obersten Schicht leicht vermischt wird.

Reifkompost

Ein gut ausgereifter Kompost (Reifetest siehe S. 27) ist der wertvollste Dünger. Er riecht nach Waldboden und ist vielfältig einsetzbar. Nach dem Nährstoffbedürfnis der Pflanzen unterscheidet man Starkzehrer und Schwachzehrer. Letztere kommen mit 5 l reifer Komposterde/m² aus, während Starkzehrer 10–15 l/m² benötigen.

Bei der Pflanzung der meisten (Obst-)Baum-, Strauch- und Staudenpflanzen mischt man reife Komposterde in die Pflanzgrube. Beim Gemüseanbau wird sie in die Saatrillen gestreut, nicht aufs ganze Beet verteilt.

OBSTBÄUME ❧ Bei der Pflanzung gibt man einige Schaufeln Reifkompost in die obere Pflanzschicht, im Frühling 1–2 cm dick, im Herbst 1 cm dick auf die Baumscheibe, darüber Laub oder Frischkompost als Mulch. Mit Kompostwasser, Komposttee (siehe S. 67) oder einer Gabe reifen Komposts im Januar/Februar können alte, wenigtragende Obstbäume belebt werden. Weichseln (Schattenmorellen) und Pfirsiche brauchen besonders viel Nährstoffe.

GEMÜSE ❧ Ausgereifter Kompost kann in Saatrillen gestreut werden oder im Frühjahr flächig aufgebracht und leicht eingeharkt werden. Starkzehrer wie Tomaten, Kürbis und Gurken nehmen jede Kompostgabe gerne auf, Kohlarten brauchen ebenfalls viele Nährstoffe, wobei der Reifkompost vor allem die Wurzelbildung fördert. Die Menge richtet sich nach den Nährstoffbedürfnissen, zwischen 0,5–1 cm dicke Kompostschicht zwischen den Pflanzen aufbringen, mehrmals im Hauptwachstum wiederholen.

BEERENSTRÄUCHER (HIMBEEREN, BROMBEEREN-, JOHANNIS- UND STACHELBEEREN) ❧ Sowohl bei der Pflanzung als auch im Frühjahr benötigen alle Beerensträucher eine kräftige Kompostgabe. Himbeeren und Brombeeren brauchen eine Mulchdecke aus halbfertigem Kompost, Häckselgut oder Rindenmulch das ganze Jahr über. Johannis- und Stachelbeeren mögen leichter verrottbare Mulchdecken, zum Beispiel aus Grasschnitt.

ERDBEEREN ❧ Auch diese werden bei der Pflanzung und im Frühjahr (Vorsicht mit zu stickstoffhaltigem Dünger!) mit Kompost versorgt. Nach der Blüte hat sich Strohmulch zur besseren Fruchtentwicklung bewährt. Die Früchte bleiben sauber und faulen nicht, der Boden trocknet nicht so rasch aus.

ROSEN Rosen zählen zu den besonders nährstoffbedürftigen Pflanzen, daher sind sie immer für eine dünne Kompostschicht dankbar. Bei der Pflanzung von Rosen sollte man 4–6 Schaufeln reifen Kompost in die oberen Bodenschichten einarbeiten. Besonders nach der Blüte (hoher Nährstoffbedarf für Zweitblüte) und im Herbst (Frostschutz) kann man sie mit Frischkompost versorgen und anhäufeln.

BLUMENBEETE UND STAUDEN Anspruchsvolle Blumenzwiebel und Prachtstauden brauchen beim Setzen und einmal jährlich eine Kompostgabe (ausgereifter Kompost max. 0,5 cm dick). Die frühlingsblühenden Zwiebel- und Knollengewächse brauchen die Kompostgabe erst nach dem Abblühen, die meisten Stauden zum Austrieb (März bis Mai) und noch eine zweite, geringere Gabe im Sommer. Sehr vorsichtig und seicht einharken, da viele Arten flach wurzeln!

TIPP **Besonders »hungrig« sind Phlox, Rittersporn, Pfingstrosen, hohe Herbstastern, Sonnenblumen und Taglilien. Sommerblumen brauchen ebenfalls viele Nährstoffe, sie brauchen häufigere Gaben von Reifkompost und reagieren besonders empfindlich auf die Gerbsäuren in frischem Rindenmulch.**

STEINGÄRTEN UND BLUMENWIESEN Steingärten und Blumenwiesen kommen besser ohne Dünger aus, da diese Pflanzen in der Natur nur auf mageren (nährstoffarmen) Standorten vorkommen. Auch kalkfliehende Stauden, wie manche Enziane und Scheinmohnarten, vertragen Kompostgaben nicht so gut.

RASEN Da das häufige Mähen dem Rasen Nährstoffe entzieht, ist eine Kompostdüngergabe im Frühjahr sinnvoll. Nachdem der Rasen mit dem Vertikutierer (Spezialrechen, der Moos und verfilztes Gras ausreißt) belüftet wird, kann man gut gesiebten, reifen Kompost dünn (0,2–0,5 cm) über die Rasenfläche streuen. Bodenorganismen arbeiten die Komposterde rasch ein. Im Spätsommer kann eine zweite Gabe zur Abdeckung des Stickstoffbedarfs gegeben werden. Auf weitere Düngegaben, insbesondere mit Mineraldünger oder gar Unkrautvernichter, sollte man verzichten, da die Pflanzenvielfalt auf ungedüngten Wiesen weit höher ist als auf gedüngten und zuviel Dünger das Trinkwasser belastet.

Aussaat-, Anzucht- und Blumenkistenerde

Zur Herstellung von Saat- und Pikiererde darf nur vollständig ausgereifter Kompost verwendet werden. Pikieren nennt man das Versetzen der Keimlinge (nachdem erste Blätter gekeimt sind) aus den Keimbeeten in eigene Pflanzgefäße.

Eine gute Mischung für Saaterde

- 5 Teile Gartenerde
- 1 Teil Kompost
- 3 Teile Sand.

Bei stark lehmiger Gartenerde

- 3 Teile Erde
- 1 Teil Kompost
- 5 Teile Sand

Für Pikier- und Pflanzerde für Blumenkisten soll der Kompostanteil höher sein

- 3 Teile Gartenerde
- 2 Teile Komposterde
- Sand und Steinmehl bei Bedarf zur Auflockerung

Kompostauszüge

Kompostauszüge sind ein sehr wirkungsvoller Flüssigdünger für Blumen und Gemüse aller Art, da sie gelöste Nährstoffe enthalten, die sofort pflanzenverfügbar sind. Die Vielzahl nützlicher Mikroorganismen und natürliche Antibiotika tragen zur Stärkung der Immunkraft der Pflanzen bei, Schädlingsbefall und Pilzinfektionen können verhindert oder reduziert werden.

Voraussetzung ist Kompost höchster Qualität, da bei minderer Qualität pflanzenschädliche Stoffe enthalten sein können.

Beispiel: Komposttee

Komposttee wird unverdünnt einmal pro Woche auf starkzehrendes Gemüse gegossen oder zur Stärkung von Obstbäumen angewendet. Verdünnt kann er gegen verschiedene Schädlinge gespritzt werden. In Amerika wurde verdünnter Komposttee im Weinbau gegen Mehltau und andere Pilze als Spritzmittel erfolgreich eingesetzt.

So wird es gemacht

- Ein alter Leinensack oder ein Tuch wird mit reifem Kompost (ca. 5 l, ca. 10 Schaufeln) gefüllt und in einen mit 10 l Regenwasser gefüllten (Holz- oder Kunststoff-) Kübel gehängt, gut umrühren und ziehen lassen. Komposttee (Kaltwasserauszug) soll max. 12 Stunden ziehen.
- Wenn die Lösung wie Schwarzer Tee aussieht, soll sie sofort verwendet werden. Man gießt die Brühe unverdünnt im zeitigen Frühjahr im Bereich der Kronentraufe von Obstbäumen (10–20 l pro Baum). Man kann den Auszug mit demselben Sack so oft wiederholen, bis kein »Schwarzer Tee« mehr entsteht, danach wird der Kompost auf den Beeten verteilt.
- Die wöchentliche Anwendung des unverdünnten Komposttees hat sich während der Wachstums- und Blütezeit auch bei Balkonblumen und Blumentöpfen bewährt. Als Blattdüngung kann man einen Auszug 1:20 verdünnt mit Wasser anwenden, gegen Pflanzenkrankheiten reicht ein 1:100 verdünnter Auszug.
- Kompostauszüge immer frisch herstellen und sofort anwenden!

TIPP **Kompostauszüge können sehr vielseitig angewendet werden: zur mikrobiellen Wiederbesiedelung von gedämpften Erden, zerstörten Böden (z.B. Schipisten) sowie Problemböden aller Art. Komposttee stärkt die Abwehrkräfte und vermindert den Krankheitsbefall.**

Jauchen als Flüssigdünger

Pflanzenjauchen sind recht einfach selbst herzustellen und sind ein effizienter, billiger Dünger für starkzehrende Gewächse wie Tomaten, Kohl und nährstoffbedürftige Stauden wie Phlox oder Rittersporn, etc. und ein guter Kompostzusatz. Die meisten Pflanzenjauchen enthalten vor allem Stickstoff und Kali.

Jauchen

Grüne Pflanzenteile werden in einem mit Regenwasser gefüllten Behälter (Holz- oder Kunststoffkübel, kein Metall!) eingelegt und an einem halbschattigen Platz stehen gelassen, eventuell einen Deckel lose auflegen. Beim täglichen Umrühren sollte man eine Hand voll Gesteinsmehl zur Geruchsbindung hinzufügen.

Die Jauche ist fertig (d.h. vergoren), wenn keine Blasen mehr aufsteigen und sich die Kräuter am Boden absetzen. Meist ist das nach ca. 2 Wochen der Fall. Die Jauche muss unbedingt verdünnt werden (3–10-fache Verdünnung) und kann dann als reichhaltiger Dünger im Wurzelbereich angewendet werden.

Beim Ausbringen von Jauchen (v.a. auf empfindlichere Pflanzen) müssen einige Punkte beachtet werden:

- **Unbedingt verdünnen!**
- **Nur im Wurzelbereich der Pflanzen, nicht auf die Blätter gießen!**
- **An trüben Tagen auf feuchte Erde; bei trockenem Wetter: Verbrennungsgefahr!**

BRENNNESSELJAUCHE Als Unkraut ist die große Brennnessel oft gefürchtet, doch in jedem Garten sollte eine kleine »Brennnesselecke« bestehen bleiben – einerseits als Nahrung für die Raupen des schönen Schmetterlings Tagpfauenauge – andererseits zur kostenlosen Düngerherstellung! Von Mai bis Juli sind die Blätter am gehaltvollsten.

HERSTELLUNG

- Man nimmt 1 kg frische Brennnesseln vor der Blüte und 10 l Wasser und lässt sie ca. 2 Wochen stehen, wobei täglich umgerührt wird. Wenn sie vollständig vergoren ist, verdünnt man 1:10 und gießt den wertvollen Dünger im Wurzelbereich verschiedenster Pflanzen aus. Diese Jauche aktiviert das Bodenleben und reichert Stickstoff an.

VORTEILE UND ANWENDUNG

- 1:20 verdünnt wirkt sie wachstumsfördernd und ausgleichend, außerdem gegen Welkekrankheiten, sowie Blattchlorose.
- Regenwürmer lieben Böden, die mit Brennnesseljauche gedüngt werden.
- Ein Brennnesselauszug (auf 1 kg frische Brennnessel kommen 10 l kaltes Wasser, die man 24 Stunden stehen lässt, unverdünnt), der verspritzt wird, wirkt pflanzenstärkend und gegen Blattläuse.
- Eine kurzzeitig (4–5 Tage) vergorene Brennnesseljauche (1 kg Brennnessel und 10 l Wasser, 4–5 Tage gärend, 1:10 verdünnen!) wirkt gegen Blattläuse.

BEINWELL- ODER COMFREY-JAUCHE *(Symphytum officinale u. peregrinum)* Beinwell ist eine eiweißhaltige Heilpflanze, die im Sommer geerntet wird. Sie ist stickstoff- und kalihaltig und fördert vor allem das Wachstum der Tomatenpflanzen.

LÖWENZAHNJAUCHE Wachstumsanregend, Qualitätsverbesserung im Kompost

TOMATENJAUCHE Aus Blättern der Tomatenpflanzen, Wachstumsfördernd für Tomaten

FARNKRAUTJAUCHE (ADLERFARN, WURMFARN) Fördert die Frosthärte, schützt vor Blatt- und Schildläusen. Als Kaliumdüngung einsetzbar.

ZWIEBELJAUCHE Wirkt vorbeugend gegen Pilzkrankheiten.

GEMISCHTE KRÄUTERJAUCHEN Die verschiedenen Kräuter können auch gemischt angesetzt werden. Auch andere Kräuter wie Schachtelhalm, Rainfarn, Wermut, Hirtentäschel, Kamille und viele Gewürzkräuter, wie Pfefferminze und Majoran sowie Zwiebel und Knoblauch, eignen sich zur Herstellung von Flüssigdünger. Ein Auszug aus Baldrianblüten regt alle Bodenorganismen an – auch den Kompostwurm.

Die nun folgenden Kräuterauszüge (Kaltwasserauszug, Brühe, Tee und Extrakt) werden als biologische Spritzmittel zur Pflanzenstärkung, Vorbeugung und Abwehr von Schädlingen eingesetzt und sollen hier nur der Vollständigkeit wegen kurz erwähnt werden.

Brühen

Die angegebene Menge frischer oder getrockneter Kräuter 24 Stunden in Regenwasser ansetzen, danach zum Kochen bringen und etwa 20 Minuten leicht köcheln lassen, abseihen, abkühlen lassen und innerhalb von 2 Tagen nach Rezept verwenden.

Tee

Frische oder getrocknete Kräuter mit kochendem Wasser übergießen, zudecken und max. 24 Stunden ziehen lassen, abseihen und innerhalb von 2 Tagen verwenden.

Auszug

Kräuter in abgestandenem Regenwasser ansetzen und 1–3 Tage im Schatten ziehen lassen, abseihen und sofort verwenden.

Extrakt

Auspressen des Kräutersaftes

Die 10 Goldenen Kompostregeln

Es ist ein gutes Gefühl, Küchenabfälle gleich wieder als Nahrung für den Kompost zu verwerten und Gras-, Strauch- und andere Pflanzenreste im Garten zu belassen, statt alles »entsorgen« zu müssen. Und es macht Freude, aus dem Vollen zu schöpfen, wenn die eigene Komposterde im Garten verteilt wird. Zehn goldene Regeln, damit dem Kompost nichts mehr im Wege steht!

Die wichtigsten Regeln

1 WAHL DES RICHTIGEN STANDORTES

- Der Standort soll halbschattig und windgeschützt sein. Extreme Hitze, Kälte oder Nässe schaden dem Komposthaufen.
- Der Kompost soll von der Küche und innerhalb des Gartens leicht erreichbar sein, auch im Winter. Manchmal sind eine Zwischenstation oder ein zweiter Kompostplatz die beste Lösung.

2 KONTAKT MIT DER DARUNTER LIEGENDEN ERDE

- Der Kompost wird auf dem offenen Boden aufgebaut, damit Regenwürmer und andere Bodentiere ungehindert zu- und abwandern können.

3 DIE UNTERLAGE

- Als Unterlage werden Äste und Zweige aufgelegt. Sie dienen der Durchlüftung und Drainage im Komposthaufen.

4 GEEIGNETES MATERIAL

- **Gartenabfälle:** zerkleinerte Äste, gehäckselter Baum- und Strauchschnitt, angetrockneter Rasenschnitt, Laub. Laub sollte man nicht zu viel auf einmal nehmen und gut durchmischen oder in dünnen Schichten auftragen und Gesteinsmehl zugeben. Unerwünschte Wildkräuter gibt man in die Kompostmitte, am besten vor der Samenreife.
- **Küchenabfälle:** alle Gemüse- und Obstreste (möglichst wenig mit Schadstoffen/Spritzmittel belastet), kein Fleisch, keine salzhaltigen Lebensmittel.

5 DIE RICHTIGE MISCHUNG

- Mit der Durchmischung der Küchen- und Gartenabfälle **nass – trocken, fest – flüssig, weich – hart, grün – verholzt** werden die wichtigsten Anforderungen im wesentlichen erfüllt: der Kompost soll feucht, aber luftig sein und ein ausgewogenes Kohlenstoff-Stickstoff-Verhältnis haben.

6 ZUSATZ VON ERDE UND REIFEM KOMPOST

- Mit Erde werden anorganische Mineralteilchen in den Kompost eingebracht, die zum Gefügeaufbau gebraucht werden. Außerdem wirkt sie geruchsbindend und fäulnishemmend.

7 WEITERE ZUSÄTZE

- Gesteinsmehl und Algenkalk führen dem Kompost mineralische Nährstoffe zu und binden Gerüche.

- Mist, Hornspäne oder Brennnesseljauche versorgen ihn mit Stickstoff und beschleunigen die Verrottung.

8 DIE ABDECKUNG

- Der Komposthaufen wird mit Erde, Grasschnitt oder umgedrehten Grassoden abgedeckt. Er wird damit vor Verdunstung, Austrocknung und Abschwemmung geschützt und warm gehalten.

9 DIE NÖTIGE FEUCHTIGKEIT UND LUFTZUFUHR

- Bei großer Trockenheit und Hitze wird der Kompost am besten mit stickstoffhaltiger Brennnesseljauche gegossen, sonst kommen die Verrottungsprozesse zum Stillstand. Bei zu starker Nässe kommt es zu Sauerstoffmangel im Kompost und es entsteht Fäulnis – der Kompost muss umgeschichtet werden.

10 DER FERTIGE KOMPOST

- Frischer Kompost ist reich an leicht verfügbaren Nährstoffen und Bodenleben und enthält noch kleinere Stückchen von unzersetzten Materialen. Stark zehrende Pflanzen können damit gedüngt werden, für empfindliche Pflanzen ist er zu scharf.

- Länger gelagerter, reifer Kompost ist gleichmäßig feinkrümelig und dunkel. Die Nährstoffe liegen großteils gebunden vor und werden langsam an den Boden abgegeben. Im Garten kann er überall eingesetzt werden, wo er zur Bodenverbesserung gebraucht wird. Mit reifem Kompost können auch Blumenkisten- und Anzuchterden hergestellt werden.

Die wichtigsten Fragen und Probleme

Was tun, wenn ...

... DIE KOMPOSTIERUNG NICHT IN GANG KOMMT?

Der Kompost ist zu trocken oder enthält zu wenig stickstoffreiche Materialien. Am besten gießt man ihn mit stickstoffreicher Brennnessel- oder Beinwelljauche oder bringt tierische Dünger wie Mist oder Hornspäne ein.

... DIE KOMPOSTENTWICKLUNG STEHT?

Der Kompost ist zu trocken. Die Mikroorganismen haben ihre Arbeit eingestellt und die größeren Bodentiere haben sich in tiefere Bodenschichten zurückgezogen. Sie sind alle schnell wieder zur Stelle, wenn der Kompost gegossen wird, und setzen die Verrottungsprozesse fort.

... DER KOMPOST SICH NICHT ERHITZT?

Hohe Temperaturen sind vor allem zur Hygienisierung von »Problemabfällen« und zur Beschleunigung der Umsetzung nötig. Die starke Erwärmung wird vor allem dann erreicht, wenn große Mengen an frischen Abfällen auf einmal kompostiert werden. Schichtet man nur in kleinen Portionen auf, wird durch die biologischen Abbauvorgänge nur wenig Energie frei. Zur Beschleunigung kann man angerottetes Material dazugeben. Um die Wärmeentwicklung zu fördern, deckt man mit Laub, Stroh oder Jutesäcken ab.

Faustprobe zur Messung des Wassergehaltes

Aus tieferen Schichten wird mit der Grabegabel eine Probe entnommen. Das Kompostmaterial wird mit der Faust so fest wie möglich zusammengedrückt. Hat es den richtigen Feuchtigkeitsgehalt, hält das Material zusammen und zwischen den Fingern erscheinen Wasserperlen. Rinnt Wasser oder Brühe heraus, ist der Kompost zu feucht. Fällt das Material auseinander, ist es zu trocken.

... DER KOMPOST STINKT?

Meist ist der unangenehme Geruch eine Folge von Fäulnis, die durch zu viele feuchte Abfälle oder bei großen Niederschlagsmengen entstehen kann. Gemüseabfälle und frischer Grasschnitt enthalten bis zu 90 % Wasser. Abhilfe schafft Umsetzen und ein gutes Durchmischen der feuchten Teile mit trockenem Strukturmaterial. Zur Geruchsbindung werden Gesteinsmehl, Gartenerde oder fertiger Kompost eingestreut. Vor Vernässung wird der Kompost mit einer Abdeckung (Vlies, Deckel, Stroh, Jutesäcke, etc.) geschützt.

... DER KOMPOST VOLLER FLIEGEN IST?

Frische Küchenabfälle sollten sofort mit Erde, Sägemehl, Wellpappe oder Rohkompost abgedeckt werden oder mit Gesteinsmehl überstreut werden. Auch häufiges Lockern stört die Entwicklung der Fliegen.

... SICH RATTEN EINNISTEN?

Sind diese Plagegeister schon drinnen, muss neu aufgesetzt werden. Wenn man beim Befüllen darauf achtet, dass keine gekochten oder gar tierischen Küchenabfälle hineinkommen, und auch die pflanzlichen Abfälle ins Haufeninnere gegeben und danach abgedeckt und mit Holzasche oder Gesteinsmehl bestäubt werden, ist man vor Ratten ziemlich sicher. In Problemgebieten schützen geschlossene Behälter.

... MIT ENGERLINGEN IM KOMPOST?

Wenn im Kompost nur abgestorbene Pflanzenreste sind und keine Pflanzen, die darauf wachsen, ist der Maikäfer-Engerling auszuschließen. Er frisst nur lebende Wurzeln (weshalb er auch gefürchtet wird). Abgesehen davon richtet er im Kompost keinen Schaden an. Wenn die Larven mindestens 2–3 cm groß sind und Beine haben, können Larven des schädlichen Dickmaulrüssler ausgeschlossen werden. Meistens entwickeln sich die weißen Larven zu harmlosen Rosenkäfern und helfen bei der Verrottung mit. Nach dem Aussieben werden sie am besten in den unreifen Kompost zurückgegeben.

... SICH LÄSTIGE WILDKRÄUTER ANSIEDELN?

Unerwünschte Wildkräuter sollte man vor der Samenreife jäten, dann können sie unbedenklich kompostiert werden. »Problemunkräuter« (ausläuferbildende Wurzelunkräuter) lässt man entweder in der Sonne vertrocknen, lässt sie vergären oder gibt sie in die Kompostmitte, wo sie durch die hohen Temperaturen gut umgesetzt werden.

Was mache ich mit schwer verrottbarem Laub?

Schwer verrottbares Laub kann man auf einem eigenen Laubkomposter vorkompostieren oder durch Häckseln mit dem Rasenmäher besser zur Aufschließung durch Mikroorganismen vorbereiten.

Schaden Schalen von Zitrusfrüchten dem Kompost?

In größeren Kompostbehältern stellen sie, wenn sie in der Mitte eingebracht werden und nicht in allzu großen Mengen anfallen, kein Problem dar. Am besten sollte man schon beim Kauf auf ungespritzte Ware achten, damit nicht zu viele Schadstoffe den Kompost beeinträchtigen.

TIPP **Wurmkisten sollten nicht mit Zitrusschalen befüllt werden, da die Würmer die harten Schalen und deren ätherische Öle nicht gut verdauen können.**

Muss der Kompost umgesetzt werden?

Ein sorgfältig aufgesetzter Komposthaufen muss höchstens einmal, etwa 4–6 Wochen nachdem die endgültige Höhe erreicht wurde, umgeschichtet werden, um eine bessere Durchmischung und Beschleunigung der Rotte zu erreichen. Auch bei gröberen Problemen muss umgesetzt werden.

Geschlossene Behälter kann man gar nicht umsetzen, außer man muss sie wegen schlechter Rotteführung ausleeren.

Soll der fertige Kompost gesiebt werden?

Das kommt auf seine Verwendung an: soll er zu Saaterde oder zur Jungpflanzenaufzucht oder in Balkonkisten verwendet werden, müsste er gesiebt werden. Für die meisten anderen Düngeanwendungen reicht ein gut ausgereifter Kompost mit Krümelstruktur.

Soll der Kompost in die Erde eingearbeitet werden?

Meist wird der Kompost nur oberflächlich aufgebracht oder leicht eingeharkt. Selbst beim Pflanzen von (Obst-)Bäumen soll der Kompost nur in die oberste Schicht Pflanzerde gemischt werden.

Der Kompost soll nicht zu stark austrocknen, um das Bodenleben in ihm zu schonen. Wenn er nicht eingeharkt wird, kann er eventuell mit einer zusätzlichen Mulchschicht bedeckt werden.

In diesem Sinne

Erde gut – alles gut!

Adressen

Hersteller von Kompostbehältern, Pflanzenstärkungs- und Düngemitteln

ÖSTERREICH

BIO FURTNER
Erzeugung und Fachhandel für
naturgemäße Gartenbauprodukte
Hauptstraße 5
A-3031 Rekawinkel
www.biofurtner.com
(Kompostzusätze, Bodenhilfsstoffe)

VERMIGRAND REGENWURMFARM
Kremser Straße 63
A-3462 Absdorf
www.grand.at
(Kompostwürmer, Wurmkisten)

NATURREIN DÜNGER – REINHARD HÖLZL
Fohrafeld 1
A-3233 Kilb
www.naturrein-bio.at

WWF POSITIVLISTE TORFFREIER PRODUKTE IN ÖSTERREICH
Ottakringer Straße 114–116
A-1160 Wien
www.wwf.at/Naturschutztipps/
hausundgarten/torf

KOMPOSTGÜTEVERBAND ÖSTERREICH
Hauptstraße 34
A-4675 Weibern
www.kompost.at

DEUTSCHLAND

W. NEUDORFF GMBH KG
An der Mühle 3
D-31860 Emmerthal
www.neudorff.de
(Kompostbehälter aus Recycling-Kunststoff, Thermokomposter)

OSCORNA DÜNGER GMBH & CO. KG
Postfach 4267
D-89032 Ulm
www.oscorna.de

US-FIRMEN, DIE KOMPOSTBEHÄLTER ANBIETEN

www.compostumbler.com
(Trommelkomposter, Rottetrommel)

www.composters.com

www.cleanairgardening.com

www.mastercomposter.com

Literaturempfehlungen

Amt der NÖ Landesregierung (2005): Der NÖ Naturgarten-Ratgeber. Nr. 5: Der Komposthaufen. St. Pölten.

Benediktinerinnen-Abtei Fulda (1990): Kompost – Gold im Biogarten. Abtei Fulda.

Benes-Oeller, Margit (2004): Natürlich Garten – Naturgärten für alle Sinne. avBUCH, Wien.

Bohnen, Martina (1995): Kompostratgeber in Frage und Antwort. Deutscher Landwirtschaftsverlag, Berlin.

Bruns, Annelore u. Susanne (2004): Biogarten Handbuch. Anleitung zum naturgemäßen Gärtnern in Bildern. Ökobuch-Verlag, Staufen bei Freiburg.

Bruns, Annelore u. Susanne (2004): Werkbuch Biogarten. Ökobuch-Verlag, Staufen bei Freiburg.

Jauch, Martin (1996): Kompostieren – so geht's. Kosmos, Stuttgart.

Kreuter, Marie-Luise (1988): Der Biogarten. BLV, München.

Sulzberger, Robert (1993): Kompost und Wurmhumus. 3. Aufl. BLV, München.

Sulzberger, Robert (2003): Kompost, Erde, Düngung. Der gesunde Gartenboden. BLV, München.

Bildquellen

Umschlag: Nicola van Ravenstein
Inhalt:
Monika Biermaier: S. 34 rechts
Böswirth & Thinschmidt: S. 3, 10, 11, 24, 28, 38, 39re, 42re, 43, 45, 49li, 54 unten, 55, 59, 62/63, 66, 72, 76, 78
Werner Gamerith: S. 4/5, 18/19, 35
Wolfgang Redeleit: S. 6–8, 12, 14–16, 20–22, 26, 27, 29, 31–33, 34li, 36/37, 39li, 40, 42li, 44, 47, 50-53, 54 oben, 56, 57, 60, 64, 65, 67, 68, 70/71, 73–75, 77
Siegfried Schmid: S. 17
Ilse Wrbka-Fuchsig: S. 48, 49re

IMPRESSUM

Die Deutsche Bibliothek – CIP-Einheitsaufnahme
Die Deutsche Bibliothek verzeichnet diese Publikationen in der Deutschen Nationalbibliografie; detaillierte bibliografische Daten sind im Internet über http://dnb.ddb.de abrufbar.

PROJEKTLEITUNG: Claudia Stoifl
UMSCHLAG: Ravenstein + Partner, Verden
LAYOUT: Alexander Schuh, o-büro für visuelle kommunikation, Wien
SATZ: armanda,geisler Wien
BILDREPRODUKTION: Hantsch & Jesch PrePress Services OEG, Leopoldsdorf bei Wien
ILLUSTRATIONEN: Monika Biermaier, Untertullnerbach

DRUCK UND BINDUNG: AV+Astoria Druckzentrum, Wien
Printed in Austria

ISBN-10: 3-7040-2157-1
ISBN-13: 978-3-7040-2157-1